Benjamin Marzahl

Risikomanagement im Mittelstand

Ratgeber für den professionellen
Forderungseinzug

Marzahl, Benjamin: Risikomanagement im Mittelstand: Ratgeber für den professionellen Forderungseinzug, Hamburg, Igel Verlag RWS 2014

Buch-ISBN: 978-3-95485-216-1
PDF-eBook-ISBN: 978-3-95485-716-6
Druck/Herstellung: Igel Verlag RWS, Hamburg, 2014

Bibliografische Information der Deutschen Nationalbibliothek:
Die Deutsche Nationalbibliothek verzeichnet diese Publikation in der Deutschen
Nationalbibliografie; detaillierte bibliografische Daten sind im Internet über
http://dnb.d-nb.de abrufbar.

© Igel Verlag RWS, Imprint der Diplomica Verlag GmbH
Hermannstal 119k, 22119 Hamburg
http://www.diplomica.de, Hamburg 2014
Printed in Germany

Inhaltsverzeichnis

Abbildungs- und Tabellenverzeichnis 7

Abkürzungsverzeichnis 8

1   Einleitung 11

   1.1   Problemstellung 11

   1.2   Gang der Untersuchung 12

2   Kleine und mittlere Unternehmen in Deutschland 13

   2.1   Abgrenzungen des KMU-Segments 13

      2.1.1   Quantitative Abgrenzung von KMU 13

      2.1.2   Qualitative Abgrenzung von KMU 15

   2.2   Die wirtschaftliche Bedeutung des KMU-Segments 16

   2.3   Stärken und Schwächen von KMU 16

      2.3.1   Typische Stärken von KMU 17

      2.3.2   Typische Schwächen von KMU 17

3   Die neuen Baseler Eigenkapitalvorschriften (BASEL II) 19

   3.1   Gründe für die Reformierung von BASEL I 19

   3.2   BASEL II – die drei Säulen 20

      3.2.1   Erste Säule – Mindestkapitalanforderungen 21

         3.2.1.1   Kreditrisiken der Kreditinstitute 24

         3.2.1.2   Marktrisiken der Kreditinstitute 27

         3.2.1.3   Operationelle Risiken der Kreditinstitute 28

         3.2.1.4   Liquiditätsrisiken der Kreditinstitute 29

         3.2.1.5   Geschäftsrisiken der Kreditinstitute 33

         3.2.1.6   Ökonomisches Kapital der Kreditinstitute 35

      3.2.2   Zweite Säule - Bankenaufsicht 36

      3.2.3   Dritte Säule – Marktdisziplin 38

   3.3   Veränderte Kreditkosten unter BASEL II 38

   3.4   Die Grundlage für das bankinterne Rating (IRB-Ansatz) 41

   3.5   Der Jahresabschluss im bankinternen Rating 43

   3.6   Zwischenfazit und Ausblick auf Basel III 44

4   Risikomanagement im KMU-Segment 49

   4.1   Risikodefinition 49

4.2   Unternehmensrisikoarten 50

   4.2.1   Finanzwirtschaftliche Risiken 50

      4.2.1.1   Marktrisiken im KMU-Segment 50

      4.2.1.2   Kreditrisiken im KMU-Segment 53

      4.2.1.3   Liquiditätsrisiken im KMU-Segment 54

   4.2.2   Leistungswirtschaftliche Risiken 55

      4.2.2.1   Betriebsrisiken im KMU-Segment 55

      4.2.2.2   Beschaffungsrisiken im KMU-Segment 56

      4.2.2.3   Absatzrisiken im KMU-Segment 58

4.3   Risikomanagement als Strategie 59

4.4   Kreditrisikomanagement im KMU-Segment 60

   4.4.1   Debitorenrating – Die Bonität der Kunden 62

   4.4.2   Die Forderungsausfallversicherung 64

   4.4.3   Factoring 66

   4.4.4   Weitere Möglichkeiten der Forderungsabsicherung 68

5   Forderungsmanagement im KMU-Segment 71

5.1   Bedeutung des Forderungsmanagements im KMU-Segment 71

5.2   Instrumente des Forderungsmanagements 72

   5.2.1   Debitoren-Buchhaltung 72

   5.2.2   Zusammenarbeit mit Inkasso-Unternehmen 75

   5.2.3   Zusammenarbeit mit Rechtsanwälten 77

5.3   Forderungsmanagement und Kommunikation 78

6   Fazit 81

Literaturverzeichnis 83

Abbildungs- und Tabellenverzeichnis

Abbildung 1: Grundkonzept von BASEL II 21

Abbildung 2: VaR bei normalverteiltem Verlust 26

Abbildung 3: Das Fünf-Kräfte-Modell nach Porter 51

Abbildung 4: Der Risikograph 52

Abbildung 5: Der Factoring-Kreislauf 67

Abbildung 6: Das gerichtliche Mahnverfahren 74

Abbildung 7: Der Forderungsmanagement-Prozess 79

Tabelle 1:   KMU-Definition des IfM Bonn ab 1. Januar 2002 13

Tabelle 2:   KMU-Definition der Europäischen Kommission ab 1. Januar 2005 14

Tabelle 3:   Eigenkapitalunterlegung nach Standard Ansatz (Standard & Poor's): 22

Tabelle 4:   Sukzessive Anpassung der Mindestkapitalquoten: 46

Abkürzungsverzeichnis

AG	- Aktiengesellschaft
AGB	- Allgemeine Geschäftsbedingungen
ALARP	- As Low As Reasonably Practicable
AMA	- ambitionierten Messansatz
BAFin	- Bundesanstalt für Finanzdienstleistungen
BIA	- Basisindikator-Ansatz
BWA	- betriebswirtschaftliche Auswertung
CRM	- Customer-Relationship-Management-System
DeBuHa	- Debitoren-Buchhaltung
DL	- Dienstleistungen
EAD	- Exposure of Default = Forderungshöhe zum Ausfallzeitpunkt
ECAI	- External Credit Assessment Institution = Bonitätsbeurteilungsinstitut
EL	- Expected Loss = erwarteter Verlust
EU	- Europäische Union
EV	- Eidesstattliche Versicherung über die Vermögensverhältnisse
FaK	- Factoring-Kunde(n)
FM	- Forderungsmanagement
FU	- Factoring-Unternehmen
F & E	- Forschung & Entwicklung
hEK	- haftendes Eigenkapital
HGB	- Handelsgesetzbuch
IfM	- Institut für Mittelstandsforschung
IRB	- internal Ratings based Approach = interner Rating Ansatz
IU	- Inkasso-Unternehmen
KonTraG	- Gesetz zur Kontrolle und Transparenz im Unternehmensbereich
KMU	- kleine(s) und/oder mittlere(s) Unternehmen
KWG	- Kreditwesengesetz
LaR	- Liquidity-at-Risk-Ansatz
LGD	- Loss given Default = Verlustquote
LiqV	- Liquiditätsverordnung

MaRisk	- Mindestanforderungen für Risikomanagement
PEST	- political, economical, social-cultural, techological = politisch, ökonomisch, sozial-kulturell, technologisch
PD	- Probability of Default = Ausfallwahrscheinlichkeit
RA(e)	- Rechtsanwa/ält(e)
RMS	- Risikomanagementsystem
RVG	- Rechtsanwaltsvergütungsgesetz
SGF	- strategische(s) Geschäftsfeld(er)
SolvV	- Solvabilitätsverordnung
SRP	- Supervisory Review Process
STA	- Standard-Ansatz
SWOT	- strengths, weaknesses, opportunities, threats = Stärken, Schwächen, Chancen, Risiken
T€	- Tausend Euro (EUR)
UEL	- Unexpected Loss = unerwarteter Verlust
USP	- unique selling proposition = Wettbewerbsvorteil
VaR	- Value-at-Risk
VN	- Versicherungsnehmer
VU	- Versicherungsunternehmen
V-LaR	- Liquidity-Value-at-Risk-Ansatz
WA	- Wirtschaftsauskunftei
WKV	- Forderungsausfall- bzw. Warenkreditversicherungen

1 Einleitung

1.1 Problemstellung

Die Unternehmen in der Bundesrepublik Deutschland haben insbesondere in und nach Krisenzeiten, wie der gerade überwundenen Wirtschafts- und Finanzkrise, auf ein gut funktionierendes Kreditrisiko- und Forderungsmanagement zu achten. Jedes Unternehmen, welches seinen Kunden entweder Kredit in natürlicher Form oder auch in Form von Zahlungszielen für erbrachte Dienstleistungen (DL) oder gelieferte Waren einräumt, hat vorvertraglich ein Kreditrisikomanagement im Unternehmen zu etablieren. Nachvertraglich hat das Forderungsmanagement (FM) die Aufgabe, diese Kundenkredite zu überwachen, um Forderungsausfälle zu vermeiden und die Liquidität des Unternehmens zu gewährleisten. Dieses Buch widmet sich daher dem Kreditrisiko- und Forderungsmanagements in kleinen und mittleren Unternehmen (KMU). Häufig wird die existentielle Bedeutung, die diesen Fachgebieten zukommt, von KMU nicht erkannt. Diese Bedeutung nimmt vor allem in Zeiten vieler Unternehmensinsolvenzen weiter zu.[1] Im KMU-Segment gibt es viele Unternehmen, die einen hohen Fremd-finanzierungsgrad aufweisen und somit unbedingt auf Liquidität angewiesen sind, um weiterhin den eigenen Verbindlichkeiten nachkommen zu können. Die schlechte Zahlungsmoral auf Kundenseite und die daraus resultierende mangelnde Liquidität kann, bei geringer Eigenkapitalausstattung des Unternehmens und zusätzlich schlechter Auftragslage, negativen Einfluss auf die eigene Zahlungsmoral nehmen. Außerdem verpflichtet die Eigenkapitalrichtlinie BASEL II die Banken dazu, die Kredit-konditionen stärker als bisher an die Bonität des Kreditnehmers zu knüpfen[2], was es für die Unternehmen zusätzlich schwieriger macht, von der Bank eine höhere Kreditlinie eingeräumt zu bekommen, um weiterhin ausreichend mit Liquidität versorgt zu sein. Als Folge dessen werden häufig Lieferantenkredite zur Finanzierung von Liquiditäts-engpässen genutzt. Ein funktionierendes Kreditrisiko- und Forderungsmanagement sind somit als Instrumente zu verstehen, die vor und während der Geschäftsbeziehung helfen können, die Liquidität des Unternehmens zu bewahren und den Forderungsausfall zu reduzieren.

---

[1] Vgl. Unternehmermagazin Creditreform Heft 3/2010, S. 35.
[2] Vgl. Witte, S. (2006), S. 16.

1.2 Gang der Untersuchung

Diese Studie hat das Ziel, auf die hohe Bedeutung des Kreditrisiko- und Forderungs-managements im KMU-Segment hinzuweisen und mögliche Lösungsansätze für ein effizientes, problemorientiertes und sicheres Handeln zu bieten. Das Problem wird vor dem Hintergrund der aktuellen Baseler Eigenkapitalvereinbarungen, BASEL II genannt, behandelt. Hierzu wird das KMU-Segment im zweiten Kapitel von den übrigen Wirtschaftsbereichen in Deutschland abgegrenzt und auf seine näheren struktur- und größenbedingten Merkmale eingegangen. Zu Beginn wird das KMU-Segment kurz definiert. Außerdem wird die wirtschaftliche Bedeutung des KMU-Segments für die deutsche Unternehmenswelt herausgearbeitet. Im dritten Kapitel werden zunächst die neuen Baseler Eigenkapital-vereinbarungen dargestellt und die Probleme dieser neuen Bankenrichtlinie für das KMU-Segment erläutert. Hierbei wird insbesondere auf die Schwierigkeit für kleine und mittlere Unternehmen eingegangen, eine Kreditlinie erweitern zu lassen, wenn diese Unternehmen nur über ein geringes Eigenkapital, geringe Liquidität und hohe Forderungsbestände verfügen. Das Risikomanagement in kleinen und mittleren Unternehmen ist Thema des vierten Kapitels, der Schwerpunkt liegt dabei auf dem Kreditrisikomanagement. Es wird aufgezeigt, welche Möglichkeiten im Vorwege existieren, Forderungen bzw. Kundenaufträge abzusichern. Auch werden gewisse Optionen beschrieben, die Forderungsausfälle nicht versicherter oder nicht versicherbarer Forderungen zu reduzieren. Hierzu gehören auch sämtliche Risiken, die aus unvollständiger Vertragsgestaltung oder falscher Fakturierung resultieren. Das fünfte Kapitel befasst sich mit dem Forderungsmanagement im KMU-Segment sowie dessen Notwendigkeit. Dazu zählen auch sämtliche Prozesse des Forderungseinzugs bzw. der Forderungs-realisierung, was auch die Beitreibung im außer bzw. vorgerichtlichen und gerichtlichen Mahnverfahren, bis hin zur Zwangsvollstreckung umfasst. Im Anschluss wird im sechsten Kapitel ein Fazit gezogen und ein Ausblick auf die Zukunft der kleinen und mittleren Unternehmen sowie Empfehlungen für den Umgang mit offenen Forderungen gegeben.

2 Kleine und mittlere Unternehmen in Deutschland

2.1 Abgrenzungen des KMU-Segments

Diese Studie beschäftigt sich mit der Steuerung des Kreditrisiko- und Forderungs-managements im KMU-Segment, daher ist es erforderlich, das KMU-Segment von den übrigen Unternehmen abzugrenzen. Hierbei werden sowohl quantitative, als auch qualitative sowie gesetzliche Kriterien zur Definition des KMU-Segments beschrieben.

2.1.1 Quantitative Abgrenzung von KMU

Für den Begriff der kleinen und mittleren Unternehmen bzw. KMU gibt es in der Literatur keine allgemeingültige Definition. Häufig wird der Begriff des Mittelstandes synonym verwendet. Unter den quantitativen Abgrenzungskriterien versteht man das Zahlenmaterial, wie z. B. die Mitarbeiteranzahl, den Jahresumsatz und die Jahresbilanzsumme. Bis zum Jahre 2002 hatte das Institut für Mittelstandsforschung (IfM) in Bonn auch eine nach Wirtschaftszweigen aufgeschlüsselte, also eine branchen-spezifische quantitative Abgrenzung des Mittelstands vorgenommen. Aufgrund der geringen Abweichungen in den empirischen Untersuchungsergebnissen des statistischen Bundesamts wurde die Branchendifferenzierung gestrichen.[3] Diese wurde durch die unten stehende branchenunabhängige Klassifikation ersetzt, welche seit dem 1. Januar 2002 vom IfM herausgegeben wird.

Tabelle 1: KMU-Definition des IfM Bonn ab 1. Januar 2002

Unternehmensgröße	Zahl der Beschäftigten	Umsatz € / Jahr
Klein	bis 9	< 1 Million
Mittel	10 bis 499	1 bis < 50 Millionen
Groß	ab 500	> 50 Millionen

Quelle: Institut für Mittelstandsforschung, online am 30. Nobember 2010 im www unter URL: http://www.ifm-bonn.org/index.php?id=89, eigene Darstellung.

---

[3] Vgl. Hauser, C. (2006), S. 10.

13

Auch im Handelsgesetzbuch, nachfolgend HGB genannt, findet sich eine Abgrenzung. Diese Abgrenzung bezieht sich allerdings nur auf Kapitalgesellschaften und ist lediglich eine Umschreibung von Größenklassen. Im Gesetzestext HGB § 267 unterteilt dieser Paragraph mittels benannter Grenzen für die Jahresbilanzsumme, Umsatzerlöse und Mitarbeiteranzahl die Unternehmen in kleine, mittelgroße und große Kapital-gesellschaften. Eine Rechtsfolge im Sinne einer neuen Einstufung in eine andere Größenklasse entsteht erst, wenn in zwei aufeinander folgenden vollen Geschäftsjahren zwei von drei Merkmalen unter- bzw. überschritten werden.[4] Die Europäische Kommission hat am 6. Mai 2003 mit Wirkung zum 1. Januar 2005 die Empfehlung 2003/361/EG herausgegeben, die von allen EU-Mitgliedsstaaten als KMU-Definition zur Einstufung von Unternehmen in dieses Segment dienen soll.

Tabelle 2: KMU-Definition der Europäischen Kommission ab 1. Januar 2005

Unternehmens-Größe	Zahl der Beschäftigen	Bilanzsumme in €	oder	Umsatz € / Jahr
Kleinst	< 10	≤ 2 Millionen		≤ 2 Millionen
Klein	10 – 49	≤ 10 Millionen		≤ 10 Millionen
Mittel	50 – 249	≤ 43 Millionen		≤ 50 Millionen
Groß	≥ 250	> 43 Millionen		> 50 Millionen

Quelle: Amtsblatt der Europäischen Union L 124 vom 20. Mai 2003, S. 39, eigene Darstellung.

Die Verwendung der neuen KMU-Definition der Europäischen Kommission ist für die EU-Mitgliedsstaaten freiwillig. Die breite Akzeptanz dieser Definition ist besonders auf einem gemeinsamen großen Markt ohne Binnengrenzen notwendig, damit es zu einer fairen Behandlung von ähnlich großen Unternehmen in den verschiedenen Ländern der Europäischen Union kommt. Anwendung findet die Definition dabei auf Behörden-ebene, z. B. bei der Vergabe von Fördermitteln sowie bei der Einstellung in Förderprogrammen. Die KMU-Definition richtet sich aber auch an die Unternehmen selbst, die mit dessen Hilfe feststellen können, ob sie den Kriterien für die Beantragung von KMU-Darlehen und speziellen Finanzhilfen entsprechen.[5]

---

[4] Vgl. Laurenz, N. (2007), S. 4.
[5] Vgl. Europäische Kommission (2006), S. 6 f.

2.1.2 Qualitative Abgrenzung von KMU

Die qualitative Abgrenzung des KMU-Segments erfolgt nicht aufgrund von unternehmensspezifischen Zahlenmaterial, welches dem betreffenden Unternehmen zugrunde liegt, sondern liegt in seiner Eigentümer- und Betriebsstruktur sowie in der Form, in der das Unternehmen geführt wird.[6] Dies kann auch als soziologische oder weiche Abgrenzung bezeichnet werden.[7] In KMU vereint der Unternehmer Eigentum, Leitung, Haftung und Risiko in seiner Person. Für den Unternehmer stellt das Unternehmen seine Existenz dar, somit liegen alle für das Unternehmen relevanten Entscheidungen in seiner Verantwortung.[8] Ein grundsätzliches und zentrales Merkmal von KMU liegt in ihrer wirtschaftlichen und rechtlichen Unabhängigkeit. Dies begründet, weshalb Konzerntöchter, also Unternehmen, die einem Konzern angehören, und zwar den quantitativen Merkmalen der obigen KMU-Definition entsprechen, dennoch nicht zum KMU-Segment hinzugerechnet werden dürfen. Entscheidend ist, dass keine andere Unternehmung mehr als 25 % des Stamm- oder Haftungskapitals an diesem Unternehmen hält, da es sonst nicht mehr einem KMU entspricht. Ein weiteres Merkmal ist die persönliche Prägung des Unternehmens durch die Person des Unternehmers, die mit einer häufig engen Beziehung zu den meist wenigen Mitarbeitern einhergeht.[9] Auch der hohe Fremdfinanzierungsgrad von KMU kann den qualitativen Abgrenzungskriterien hinzugerechnet werden, da KMU im Durchschnitt über alle Branchen nur mit ca. zehn Prozent Eigenkapital ausgestattet sind.[10] Zudem ist die Kapitalbeschaffung am freien Kapitalmarkt ein Problem für das KMU-Segment, da das Emittieren von Aktien häufig an der Rechtsform oder der Betriebsgröße scheitert.[11] Grundsätzlich weisen KMU einen geringen Formalisierungsgrad auf. Sie können aufgrund ihrer Größe schnell und flexibel auf veränderte Marktverhältnisse reagieren. Außerdem verfügen sie häufig über eine enge Bindung zu ihren Kunden.[12] Alle diese weichen Merkmale können teilweise auch auf Großunternehmen zutreffen, in dem Fall gelten zusätzlich die quantitativen Abgrenzungskriterien, in Verbindung mit der Auflage keinem Konzern anzugehören, als Hilfe zur eindeutigen Klassifikation.

---

[6] Vgl. Knop, R. (2009), S. 9.
[7] Vgl. Hausch, K. T. (2004), S. 15.
[8] Vgl. Szczepanski, J. (2005), S. 6.
[9] Vgl. Hausch, K. T. (2004), S. 15 f.
[10] Vgl. Heim, G. (2004), S. 199.
[11] Vgl. Volz, C. (2005), S. 4.
[12] Vgl. Marckhgott, B. (1999), S. 9.

2.2 Die wirtschaftliche Bedeutung des KMU-Segments

Dem KMU-Segment kommt in Deutschland eine sehr hohe wirtschaftliche Bedeutung zu, es ist ein wichtiger Wirtschaftspfeiler.[13] Dies verdeutlicht auch das Zahlenmaterial, aus dem hervorgeht, dass nach der, seit dem 01. Januar 2005, gültigen Definition der Europäischen Kommission 99,5 % aller Unternehmen dem KMU-Segment angehören. Gleichzeitig stellt es in Deutschland 55 % aller Arbeitsplätze und erwirtschaftet 38,3 % des Umsatzes der Gesamtwirtschaft. Diese Definition wird insbesondere bei der Beantragung und Bewilligung von europaweiten Fördermitteln für KMU-Unternehmen zu Rate gezogen.[14] Nach der Definition des IfM gehören sogar 99,7 % aller Unternehmen dem KMU-Segment an, welches danach 70,5 % aller Arbeitsplätze stellt, aber nur 37,8 % des Umsatzes in der Bundesrepublik Deutschland erwirtschaftet.[15] Das KMU-Segment wirkt sich positiv auf den Wettbewerb aus und wirkt damit einer monopolistischen Wirtschaft entgegen, da der jeweilige Nachfrager unter mehreren Anbietern wählen kann. Zudem sind KMU flexibler als Großunternehmen und können sich schneller an veränderte Marktbedingungen anpassen. In Krisenzeiten findet daher der Arbeitsplatzabbau bzw. die sog. Personalverschlankung vor allem in Groß-unternehmen und nicht im KMU-Segment statt.[16] Die Flexibilität sorgt dafür, dass kleine und mittlere Unternehmen viel eher auf individuelle Kundenwünsche eingehen können, als Großunternehmen, die aufgrund ihrer Kostenstruktur auf Massen- oder Serienfertigung angewiesen sind. Hinzu kommt, dass KMU standorttreu sind und unternehmensinterne Abteilungen bzw. Aufgabenbereiche nicht auslagern. Dieses Handeln bestärkt die regionale Wirtschaft fernab der Gewerbe- und Industrieregionen auch in den Randgebieten.[17]

2.3 Stärken und Schwächen von KMU

Im Segment der kleinen und mittleren Unternehmen existiert eine Vielzahl ganz typischer Stärken und Schwächen. Diese sind zum einen in der Größe der Unter-nehmen und zum anderen in deren Betriebsstruktur begründet.

---

[13] Vgl. Chorafas, D. N. (2004), S. 275 f.
[14] Vgl. Institut für Mittelstandsforschung, online am 27. November 2010 im www unter URL: http://www.ifm-bonn.org/index.php?id=547.
[15] Vgl. Institut für Mittelstandsforschung, online am 27. November 2010 im www unter URL: http://www.ifm-bonn.org/index.php?id=540.
[16] Vgl. Greschuchna, L. (2006), S. 50.
[17] Vgl. Fueglistaller, U. / Müller, C. / Volery, T. (2004), S. 98 f.

2.3.1 Typische Stärken von KMU

Als Stärke werden aus betriebswirtschaftlicher Sicht die Wettbewerbsvorteile oder auch USP's gegenüber Mitbewerbern auf dem jeweiligen Markt bezeichnet.[18] Hier sollen allerdings die besonderen Stärken eines KMU dargestellt werden, welche sich aufgrund seiner Struktur und Organisation ergeben. Im KMU-Segment liegen diese Stärken in der kurzen und direkten internen Kommunikation, die den Informationsfluss und die Entscheidungsfindung vereinfachen und auch beschleunigen können. Die hohe Flexibilität eines KMU's beruht auf der schnellen Entscheidungsfähigkeit sowie Revidierbarkeit von Entscheidungen durch den Inhaber. Eine zu schnell getroffene Entscheidung durch den Inhaber birgt jedoch auch Gefahren, da diese zu Fehlentscheidungen führen können. Häufig gibt es in kleinen und mittleren Unternehmen kein sog. „Vier-Augen-Prinzip", wie es in Großunternehmen mit einer genau definierten Genehmigungsstruktur der Fall ist.[19] Die kurzen Informations- und Entscheidungswege sind auch für die Mitarbeiter von Vorteil, da sie ihnen einen Einblick in die erreichten Ziele und Erfolge des Unternehmens gewähren. Bei den Mitarbeitern wirkt sich diese Transparenz in Verbindung mit den eher familiären Strukturen im KMU-Segment motivierend aus. Eine weitere große Stärke von KMU besteht in der Nähe zu ihren Kunden. Die Kundennähe kann in Verbindung mit der spezifischen Flexibilität zu einer engeren Kundenbindung führen, da individuelle Kundenwünsche schneller umgesetzt und sich ändernde Kundenbedürfnisse rechtzeitig erkannt werden. In Großunternehmen ist der Kunde häufig nur ein Auftraggeber unter vielen, infolge dessen auf individuelle Kundenwünsche nur unter erheblichem Mehraufwand, der mit höheren Kosten einhergeht, eingegangen werden kann.[20]

2.3.2 Typische Schwächen von KMU

Eine Schwäche kann aus betriebswirtschaftlicher Sicht z. B. als die Wettbewerbsvorteile der eigenen Wettbewerber im Markt angesehen werden. Hier sind allerdings die besonderen Schwächen gemeint, die ein KMU aufgrund seiner Größe und Betriebsstruktur innehat. Bereits bei der Produktion lassen sich gewisse Schwächen erkennen. Während Großunternehmen in ihren Produktportfolios häufig auf Massen-produktion eingestellt sind

---

[18] Vgl. Knop, R. (2009), S. 13.
[19] Vgl. Kellermann, K. (2005), S. 20 f.
[20] Vgl. Köbler, J. (2008), S. 11 f.

und somit für das einzelne Produkt bei zunehmender Ausbringungsmenge eine Fixkostendegression erzielen können, ist dies für KMU mit einer Einzel- bzw. Auftrags-, Individual- oder Kleinserienfertigung kaum möglich. Das führt bei den kleinen und mittleren Unternehmen dazu, dass diese bei ihren Lieferanten nur ein übersichtliches Einkaufsvolumen vorweisen können und somit auch keine Marktmacht im eigentlichen Sinne und keine Kundenmacht im Sinne von Porter haben.[21] Dies macht die Fixkostendegression mangels fehlender Massenproduktion für kleine und mittlere Unternehmen nur schwer möglich. Durch das geringe Einkaufs-volumen sind auch keine Mengenrabatte auszuschöpfen. Außerdem wird der Ressourcenmangel in allen Bereichen als die zentrale Schwäche des KMU-Segments bezeichnet. Hierzu zählen z. B. Schwächen in der Managementqualität, da diese Unternehmen in vielen Fällen alleinig inhaber- oder familiengeführt sind und es keine weiteren Manager mit einer bestimmten Fachqualifikation in den Bereichen der Beschaffung, Finanzierung oder des Absatzes gibt. Ein Mensch ist alleinig zuständig und verantwortlich für alle Unternehmensprozesse. Ein weiterer elementarer Ressourcenmangel ist das Fehlen von Kapital, da KMU durchschnittlich eine Eigenkapitalquote aufweisen, die unterhalb von zehn Prozent angesiedelt ist.[22] Vor allem Veränderungen von Kundenbedürfnissen können dazu führen, dass größere Investitionen getätigt werden müssen, um weiterhin am Markt bestehen zu können. Wenn dafür das erforderliche Eigenkapital fehlt, stellt es für das Unternehmen und den Inhaber bzw. Unternehmer eine große Herausforderung dar, da sich die Aufnahme von Fremdkapital nach den neuen Eigenkapitalvereinbarungen BASEL II für KMU, schwierig gestaltet. Entweder wird aufgrund der Unternehmensstruktur kein Darlehen gewährt oder es ist nur unter schwer einzuhaltenden Auflagen in Verbindung mit minderakzeptablen Konditionen möglich.[23] Dies stellt auch einen Grund für den oft geringen Forschungs- und Entwicklungsaufwand im KMU-Segment dar, da die Kosten für Forschung & Entwicklung (F & E) sowie sonstige Innovationen aus unternehmens-eigenen Mitteln finanziert werden müssen. Ist es mit den Mitteln des Unternehmens nicht möglich, diese notwendigen Investitionen zu tätigen, muss das Unternehmen Fremdkapital zur Finanzierung der Investitionen in Form von Unternehmenskrediten aufnehmen. Unternehmenskredite werden üblicherweise von Kreditinstituten gegen ein gewisses Entgelt, u. a. in Form von Zinsen, zur Verfügung gestellt. Die Kreditvergabe richtet sich dabei nach den neuen Eigen-kapitalvorschriften für Kreditinstitute, auf die im nachfolgenden Kapital eingegangen wird.

---

[21] Vgl. Schroeer, S. (2009), S. 12.
[22] Vgl. Knop, R. (2009), S. 14 f.
[23] Vgl. Grohmann, O. (2007), S. 36.

3 Die neuen Baseler Eigenkapitalvorschriften (BASEL II)

Alle drei Monate trifft in Basel der im Jahr 1975 gegründete Baseler Ausschuss für Bankenaufsicht zusammen, der ursprünglich aufgrund der Ölkrise und den damit in Zusammenhang stehenden instabilen Finanzmärkten jener Zeit ins Leben gerufen wurde.[24] Der zweite Baseler Eigenkapitalakkord, auch BASEL II genannt, löst das erste Konsultationspapier aus dem Jahre 1988 ab, welches bis Ende 2006 Bestand hatte. BASEL II trat am 01. Januar 2007 in Kraft und richtet sich an international tätige Kreditinstitute, aber auch an kleinere und mittlere Banken und Sparkassen, die häufig mit dem KMU-Segment zusammenarbeiten und dieses finanzieren. Insgesamt soll das Finanz- und Bankensystem mit Hilfe der neuen Bankenrichtlinie BASEL II sicherer und stabiler gemacht werden, indirekt soll es auch zur Stabilisierung der gesamten Volkswirtschaft beitragen.[25]

3.1 Gründe für die Reformierung von BASEL I

Die erste Bankenrichtlinie (BASEL I) von 1988 regelte, dass Kreditinstitute für herausgegebene Risikoaktiva, z. B. in Form von Unternehmenskrediten, einheitlich acht Prozent der Kreditsumme an Eigenkapital vorhalten mussten. Diese Regelung stellte eine natürliche Begrenzungsfunktion für die Kreditvergabe hinsichtlich des Volumens der getätigten Kreditgeschäfte eines Kreditinstituts dar. Allerdings galt die Acht-Prozent-Regelung unabhängig von der Bonität des Kreditnehmers.[26] Die bonitätsunabhängige Bepreisung von Risikoaktiva wurde für jene Kreditinstitute zum Problem, die in der Vergabe von Krediten an risikoträchtige Kreditnehmer gewisse Anreize sahen. Bei diesen konnten sie aufgrund des höheren Preises für den Kredit, also aufgrund des höheren verlangten Zinssatzes, größere Margen erzielen, als bei risikoärmeren Kreditnehmern, die aufgrund ihrer guten Bonität nur einen geringeren Zinssatz zu zahlen hatten. Die Kosten für das Kreditinstitut bzw. die Bank waren mit acht Prozent vorzuhaltenden Eigenkapitals in beiden Fällen gleich hoch.[27] Das hohe Kreditausfallrisiko belastet das Kreditinstitut erst im Insolvenzfall des Kreditnehmers, da die damaligen Vorschriften zur Eigenkapitalunterlegung

---

[24] Vgl. Übelhör, M. / Warns, C. (2004), S 16.
[25] Vgl. Behr, P. / Fischer, J. (2005), S. 36.
[26] Vgl. Szczepanski, J. (2005), S. 19.
[27] Vgl. Minden, S. (2009), S. 14.

den Kreditnehmer mit sehr guter Bonität genauso behandelten wie jenen, der mit zweifelhafter oder schlechter Bonität ausgestattet war. Unter diesen Voraussetzungen könnte es zu einer adversen Selektion hinsichtlich des gesamten Kreditportfolios kommen. Dies bedeutet, es gäbe einen fehlgerichteten Allokationsprozess von Krediten an Kreditnehmer mit schlechter Bonität, da der beinahe einheitliche Zinssatz über alle Kredite, über dem akzeptablen Zinssatz für Unternehmen mit guter Bonität liegt und unterhalb des angemessenen Zinssatzes für Unternehmen mit schlechter Bonität. Das Kreditinstitut würde damit einen Rahmen für den Zustrom an Unternehmen mit mittelmäßiger bis schlechter Bonität schaffen. In Verbindung mit dem Anreiz, hohe Margen bei Kreditgeschäften zu erzielen, was bei Unternehmen mit schlechter Bonität aufgrund des höheren Preises für den Kredit, also des höheren Risikozinses leichter ist, birgt ein solches Kreditportfolio ein großes Gefahrenpotenzial für die Liquidität und Solvenz des Kreditinstituts.[28] Das Ausfallrisiko ist bei dieser Gruppe von Unternehmen aufgrund der schlechten Bonität ungleich höher. Diese Schwachstellen in den bisherigen Bankenrichtlinien von BASEL I führten ab 1999 dazu, diese nunmehr weiter zu entwickeln, welche nun nach mehrmaligen Überarbeitungen bekannt sind als BASEL II.

3.2 BASEL II – die drei Säulen

Die neuen Baseler Eigenkapitalvereinbarungen, an der seit 1998 die Kreditwirtschaft und die Politik gemeinsam arbeiteten, wurden erstmals im Juni 2004 veröffentlicht[29] und traten dann am 01. Januar 2007 in Kraft. Sie lösten die bis dahin geltende Eigenkapitalvereinbarung von 1988, die unter dem Namen BASEL I bekannt war, ab. BASEL II ruht auf drei Säulen: Die Mindestkapitalanforderungen, die das vorzuhaltende Eigenkapital für herausgegebene Risikoaktiva regelt, die Bankenaufsicht bzw. den bankaufsichtlichen Überprüfungsprozess und die Marktdisziplin, dies ist die erweiterte Veröffentlichungs- und Publizitätspflicht der Kreditinstitute. Die erste Säule wurde grundlegend überarbeitet. Die zweite und dritte Säule sind unter BASEL II neu hinzugekommen. In der unten stehenden Grafik wird dieses Konzept aufgezeigt.

---

[28] Vgl. Übelhör, M. / Warns, C. (2004), S. 15 ff.
[29] Vgl. Vidyarthi, V. P / Gupta, S. K. (2007), S. 71.

Abbildung 1: Grundkonzept von BASEL II

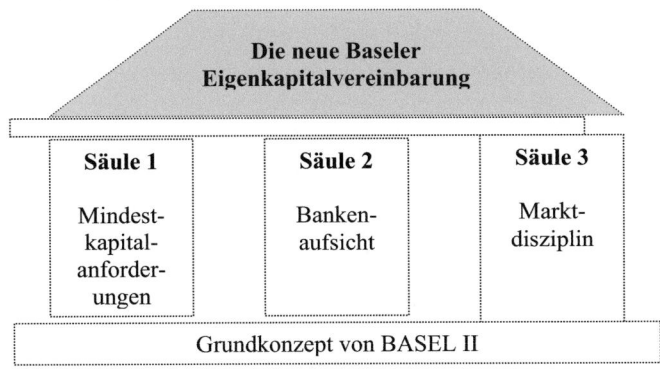

Quelle: Deutsche Bundesbank, online am 2. Dezember 2010 im www unter URL: http://www.bundesbank.de/
bankenaufsicht/bankenaufsicht_basel.php, eigene Darstellung.

3.2.1 Erste Säule – Mindestkapitalanforderungen

Die Mindestkapitalanforderungen beschreiben die Regelungen für das haftende Eigenkapital
(hEK), welches ein Kreditinstitut vorhalten muss, um Risikoaktiva an Unternehmen
herauszugeben. Die Eigenmittel eines Kreditinstituts bestehen aus dem haftenden
Eigenkapital, welches sich aus dem Kern- und Ergänzungskapital zusammensetzt sowie den
Drittrangmitteln. Beim Kernkapital wird zwischen dem harten und weichen Kernkapital
unterschieden. Das haftende Eigenkapital muss im Kreditinstitut für das gesamte Portfolio an
Risikoaktiva, wie z. B. Darlehen, Betriebsmittelkredite, Derivate u. Ä. zum Abfangen von
nicht erwarteten Verlusten vorgehalten werden. Unter BASEL I mussten einheitlich acht
Prozent der Bilanzaktiva-positionen an Eigenkapital vorgehalten werden.[30] Nach den neuen
Richtlinien von BASEL II hängt die Eigenkapitalunterlegung von Risikoaktiva künftig von
der Bonität und somit der statistischen Ausfallwahrscheinlichkeit des Kreditnehmers ab.[31] Die
Eigenkapitalwertbasis von acht Prozent hat sich nicht geändert, lediglich werden diese
acht Prozent nun mit einem Gewichtungsfaktor, der wiederum von der Bonität und der
Ausfallwahrscheinlichkeit des Kreditnehmers abhängt, multipliziert. Neben dem Kreditrisiko
wird außerdem das Marktrisiko, als auch das operationelle Risiko in die Ermittlung des
vorzuhaltenden Eigenkapitals miteinbezogen. Für die Ermittlung der Kundenbonität haben die
Kreditinstitute die Wahl, ob sie den Standard-Ansatz, also das Ratingergebnis einer externen

---

[30] Vgl. Übelhör, M. / Warns, C. (2004), S. 21.
[31] Vgl. Behr, P. / Fischer, J. (2005), S. 43.

Rating-Agentur zulassen oder den IRB-Ansatz (internal Ratings based Approach), also das bankinterne Rating für die Bonitäts- und Ausfallwahrscheinlichkeitsermittlung nehmen. Der unternehmensinterne IRB-Ansatz eines Kreditinstituts muss zuvor erst einmal entwickelt und später von der nationalen Aufsichtsbehörde, der Bundesanstalt für Finanzdienstleistungen (BAFin) zugelassen werden, bevor das Kreditinstitut den eigenen Ansatz einsetzt, um den Bestimmungen von BASEL II nachzukommen. Wenn ein Kreditinstitut für die Eigenkapitalunterlegung von Risikoaktiva das Ratingergebnis einer externen Rating-Agentur zulässt, muss diese Agentur ebenfalls von der BAFin zugelassen sein. Eine Rating-Agentur muss gewisse Anforderungskriterien, wie z. B. Objektivität, Unabhängigkeit, Transparenz, Glaubwürdigkeit und gewisse Veröffentlichungspflichten erfüllen, um von der BAFin zugelassen zu werden. Die Zulassungspflicht durch die BAFin stellt eine weitere Sicherheit von BASEL II dar. Die Zulassungspflicht garantiert, dass nur Unternehmens-ratings von zugelassenen Rating-Agenturen in Kreditinstituten verarbeitet werden dürfen. Diese Regelung soll ein größeres Maß an Sicherheit bei der Verwendung des Standard-Ansatzes gewährleisten und außerdem für eine gewisse Vergleichbarkeit auf dem Markt sorgen.[32] Neben den gängigen internationalen Rating-Agenturen wie Moody´s, Standard & Poor´s und Fitch Ratings, haben sich mittlerweile auch nationale Unternehmen, wie bspw. die Creditreform Rating AG durch die BAFIN, als sog. External Credit Assessment Institution (ECAI) zertifizieren lassen.[33] Die Rating-Agentur Standard & Poor´s klassifiziert die Bonität von Unternehmen alphabetisch, dabei stellt AAA (Trible A) das beste Ergebnis dar, während C als sehr spekulative Anlage mit hohen Ausfallwahrscheinlichkeit gilt.[34] Die Eigenkapitalunterlegungspflicht für Kreditinstitute gliedert sich nach dem Standard Ansatz von Standard & Poor´s, wie folgt:

Tabelle 3: Eigenkapitalunterlegung nach Standard Ansatz (Standard & Poor´s):

Kreditnehmer	Risikoklassen am Notationsbeispiel von Standard & Poor´s						
	AAA bis AA-	A+ bis A-	BBB+ bis BBB-	BB+ bis BB-	B+ bis B-	unter B-	ohne Rating
Unternehmer/ Nichtbanken	20 %	50 %	100 %		150 %		100 %
	Mindestunterlegungssatz - Gewichtungsfaktor für acht Prozent						

Quelle: Übelhör, M. / Warns, C. (2004), S. 25., eigene Darstellung.

---

[32] Vgl. Füser, K. / Heidusch, M. (2002), S. 132.
[33] Vgl. Everling, O. / Trieu, M. L. (2007), S. 99 f.
[34] Vgl. Lüdicke, O. (2003), S. 69 f.

Die Eigenkapitalunterlegungspflicht für ein Unternehmen mit einem sehr guten Ratingergebnis, z. B. AAA oder AA+, würde mit einem Gewichtungsfaktor von 20 % belegt werden. Somit müsste das Kreditinstitut lediglich 20 % der acht Prozent an Eigenkapital vorhalten, ergo 1,6 %. Demzufolge muss das Kreditinstitut bei einem Unternehmen mit schlechtem Ratingergebnis, z. B. CCC oder CC+ 150 % der acht Prozent des Kreditvolumens, also zwölf Prozent an Eigenkapital aufbringen.[35] Je nach Bonität des Kreditnehmers ist das Kreditinstitut dazu verpflichtet, 20 %, 50 %, 100 % oder 150 % der acht Prozent an Eigenkapital vorzuhalten. Je besser das Rating-ergebnis und somit die Bonität des Kreditnehmers ist, desto geringer ist der Gewichtungsfaktor und folglich auch das vorzuhaltende Eigenkapital für das Kreditinstitut. Somit ist das Kreditinstitut verpflichtet, für Kreditnehmer mit schlechter Bonität mehr Eigenkapital vorzuhalten, als bei Kreditnehmern mit guter Bonität.[36] Die neue Regelung bewirkt, dass ein risikoträchtiges Geschäft das jeweilige Kreditinstitut aufgrund des höheren vorzuhaltenden Eigenkapitals sofort belastet und damit das risikoreiche Geschäft trotz des höheren Zinses weniger attraktiv macht.[37] Die Regelung des zweiten Baseler Eigenkapitalakkords, die Höhe der Eigenkapitalunterlegung an die Bonität und Ausfallwahrscheinlichkeit des Kreditnehmers zu knüpfen, trägt der damaligen Entwicklung von Kreditinstituten Rechnung, gerne risikoträchtige Kredit-geschäfte zu tätigen, um größere Margen aufgrund des höheren Kreditzinses zu generieren. Außerdem wird mit dieser Regelung auch eine adverse Selektion von Kreditnehmern bzw. von risikoträchtigen Investitionen verhindert. Zu einer adversen Selektion kann es kommen, wenn Kreditgeber und Kreditnehmer nicht über die gleichen Informationen verfügen, dies wird auch als Informationsasymmetrie bezeichnet.[38] Ein Unternehmensrating soll das Informationsgefälle und somit das Kreditausfallrisiko ex ante des Geschäftsabschlusses reduzieren.[39] Ein Rating ist lediglich zahlenbasiert, es werden fast nur finanzwirtschaftliche Kriterien für die Gesamtbeurteilung herangezogen. Die leistungswirtschaftlichen Kriterien werden dabei kaum berücksichtigt. Von Seiten des Kreditinstituts wird angenommen, dass sich die leistungswirt-schaftlichen Kriterien direkt auf die finanzwirtschaftlichen auswirken, dies ist aber gerade bei Startup-Unternehmen, also jungen Unternehmen im KMU-Segment, noch gar nicht möglich. Somit fallen manche Kredit- bzw. Finanzierungskonditionen aufgrund des Ratings für junge Unternehmen schlechter aus, da sich die eventuell guten leistungswirtschaftliche Faktoren noch

---

[35] Vgl. Übelhör, M. / Warns, C. (2004), S. 25 f.
[36] Vgl. Ohletz, W. (2007), S. 56.
[37] Vgl. Minden, S. (2009), S. 15.
[38] Vgl. Alparslan, A. (2006), S. 26.
[39] Vgl. Lüscher-Marty, M. (2009), S. 1.09.

nicht auf die finanzwirtschaftlichen Faktoren niederschlagen konnten.[40] Insgesamt können Ratings dem Kreditinstitut nur vor dem Geschäftsabschluss einen Einblick in das Unternehmen geben, sind aber nicht dazu in der Lage, mehr als nur einen vagen und kurzsichtigen Ausblick in die Zukunft zu geben. Die Ratings können bei der Frage, ob ein Unternehmen aktuell einen Kontokorrentkredit erhält, als Entscheidungsgrundlage dienen. Bei einem großvolumigen und langfristigen Investitionskredit kann ein Rating keine sichere Prognose für die Zukunft darstellen, auf welche sich das Kreditinstitut verlassen kann. Grundsätzlich soll das Kreditrisikomanagement bzw. die Berücksichtigung aller bankbetrieblichen Risiken, von denen einige in den folgenden Unterkapiteln erläutert werden, das Kreditinstitut vor Liquiditätsengpässen schützen und Ausfallrisiken reduzieren. Außerdem soll ein funktionierendes Kreditrisikomanagement ein Instrument für den dauerhaften Erfolg eines Kreditinstituts darstellen und das Vertrauen der Marktteilnehmer bestärken.[41] Mit der Einführung des aus Bankensicht optimierten Risiko-managements unter BASEL II können die Kreditausfallrisiken besser analysiert und reduziert werden. Nur reduziert, nicht eliminiert. Der dauerhafte Erfolg eines Kreditinstituts hängt in Zeiten, in denen Landesbanken höchst spekulative Engagements eingehen, nicht nur von der Kreditvergabepraxis in den einzelnen Engagements ab.

3.2.1.1 Kreditrisiken der Kreditinstitute

In der Literatur wird der Begriff „Kreditrisiko" häufig als Oberbegriff für verschiedene Arten von Kreditrisiken verwendet. In diesem Kapitel wird zunächst nur auf das Kreditrisiko der Kreditinstitute im Zusammenhang mit BASEL II eingegangen, in den späteren Kapiteln wird es im Zusammenhang mit dem KMU-Segment nochmals aufgegriffen. Für die Berechnung eines Einzel- oder Portfoliokreditrisikos gibt es abhängig vom Anlass auch unterschiedliche Berechnungsmethoden. Im Rahmen der Ermittlung des vorzuhaltenden Eigenkapitals ist das Einzelkreditrisiko eine bilanzielle Adressenausfallrisikoposition und nach der Solvabilitäts-verordnung (SolvV) eines der insgesamt vier sog. Adressrisiken. Unter dem Begriff Adressrisiko wird in der Finanz- und Bankenwelt grundsätzlich ein potenzieller Wertverlust verstanden, der durch den gänzlichen oder partiellen Ausfall des Kreditnehmers oder auch durch eine Bonitäts-verschlechterung des Kreditnehmers verursacht wird.[42] Dieses Kapitel behandelt nur die Ausfallrisiken des Kreditgeschäfts, weitere Kredit- und Adressrisiken, wie z. B. Zinsänderungs-, Wechselkurs- oder Liquiditätsrisiken werden erst in den folgenden Kapiteln behandelt. Das

---

[40] Vgl. Wildemann, H. (2005), S. 233 ff.
[41] Vgl. Adam, T. (2008), S. 399.
[42] Vgl. Spielberg, H. / Sommer, D. / Dankenbring, H. (2004), S. 328.

Ausfallrisiko beschreibt die eventuelle Gefahr, dass der Kreditnehmer seinen Zahlungs-verpflichtungen, die aus Zins- und Tilgungszahlungen bestehen, nicht wie im Kreditvertrag vereinbart, nachkommen kann. Das Ausfallrisiko basiert auf einer Ausfallwahrscheinlichkeit, die wiederum von der jeweiligen Risikoklasse des Kreditnehmers abhängt. Das Kreditausfallrisiko wird als eine Abweichung vom vereinbarten Standard, nämlich der vereinbarten Zahlung von Zins- und Tilgungs-zahlungen, die häufig in Annuitätenzahlungen zusammengefasst werden, verstanden. Eine Verschlechterung in der Bonität des Kreditnehmers, die nicht zu einem Kreditausfall führen muss, beeinflusst dennoch negativ die Risikoklasse des Kreditnehmers, was zu einer höheren Ausfallwahrscheinlichkeit und somit auch zu einem größeren statistischen Ausfallrisiko für das Kreditinstitut führt.[43] Für die Bemessung der Eigenkapitalunterlegung von Einzelkreditrisiken stehen den Kredit-instituten lt. SolvV zwei bzw. drei Verfahren zur Auswahl. Es muss entweder der Standard-Ansatz, also der Einsatz externer Rating-Agenturen oder der bankinterne IRB-Ansatz verwendet werden. Beim IRB-Ansatz wird zwischen dem Basisansatz und dem fortgeschrittenen Ansatz unterschieden.[44] Die bankinternen IRB-Ansätze dürfen nur nach vorheriger Genehmigung durch die BAFin genutzt werden. Diese Vorschrift stellt, ähnlich wie die Zulassung und Zertifizierung von Rating-Agenturen und deren Ratingverfahren als ECAI durch die BAFin, eine Sicherheit für das Bankensystem dar. Der interne IRB-Basisansatz ermittelt anhand von Bilanzkennziffern im Rahmen der Diskriminanzanalyse und der damit einhergehenden Risikoklasse die Ausfallwahrscheinlichkeit, Probability of Default (PD). Im fortgeschrittenen Ansatz wird zusätzlich die Forderungshöhe zum Ausfallzeitpunkt, Exposure of Default (EAD) und die Verlust-quote, Loss given Default (LGD), also der Verlust zum Ausfallzeitpunkt, bezogen auf die gesamte Kreditsumme, ermittelt.[45] Diese Verfahren werden bei der Ermittlung des Einzelkreditrisikos für die Berechnung des von dem Kreditinstitut vorzuhaltenden Eigenkapitals eingesetzt. Der IRB-Ansatz kann zur Bestimmung und besseren Vergleichbarkeit von bestimmten Kreditrisiken und die Bemessung des vorzuhaltenden Eigenkapitals von Kredit- oder Aktienportfolios eine bestimmte Variante des Value-at-Risk (VaR) vorsehen.[46] Allgemein drückt der VaR den maximalen Verlust einer Investition in Geldeinheiten bis zu einem bestimmten Zeitpunkt mit einer gewissen Wahrscheinlichkeit aus. Die zu prognostizierende Zeitspanne, für die der mögliche Verlust berechnet werden soll, nennt sich Haltedauer. Die Wahrscheinlichkeit wird als statistisches Konfidenzniveau bezeichnet, die

---

[43] Vgl. Wolke, T. (2008), S. 156 f.
[44] Vgl. Elschen, R. (2002), S. 23.
[45] Vgl. Hartmann-Wendels, T. / Pfingsten, A. / Weber, M. (2010), S. 499 f.
[46] Vgl. Strauß, M. (2008), S 47.

Differenz zu 100 % bildet das α–Quantil. Das Konfidenzniveau wird auf einen Wert zwischen 95 % und 99 % (1 – α) festgelegt.[47] Je höher das Konfidenzniveau und je kleiner das α–Quantil, desto größer ist die damit prognostizierte Wahrscheinlichkeit und Sicherheit des VaR.[48] Für die Bestimmung des Konfidenzniveaus wird häufig auf weit zurückreichende statistische Erfahrungs- werte zurückgegriffen. Diese vergangenheitsbezogene Betrachtung von Daten, weist meist eine Normal- oder Binominalverteilung auf, daher wird das Konfidenzniveau auf einen Wert zwischen 95 % und 99 % festgelegt.[49] Ein VaR (100 Tage) von 1618,22 € bei einem Konfidenzniveau von 99 % und einer Investitionssumme von 10.000,00 € bedeutet, dass der Verlust der Investitionssumme nach einer Haltedauer von 100 Tagen mit einer Wahrscheinlichkeit von 99 % nicht höher ausfallen wird als 1618,22 €. Investitionen lassen sich über den berechneten VaR gut vergleichen, somit können eingegangene Risiken besser eingeschätzt werden.

Abbildung 2: VaR bei normalverteiltem Verlust

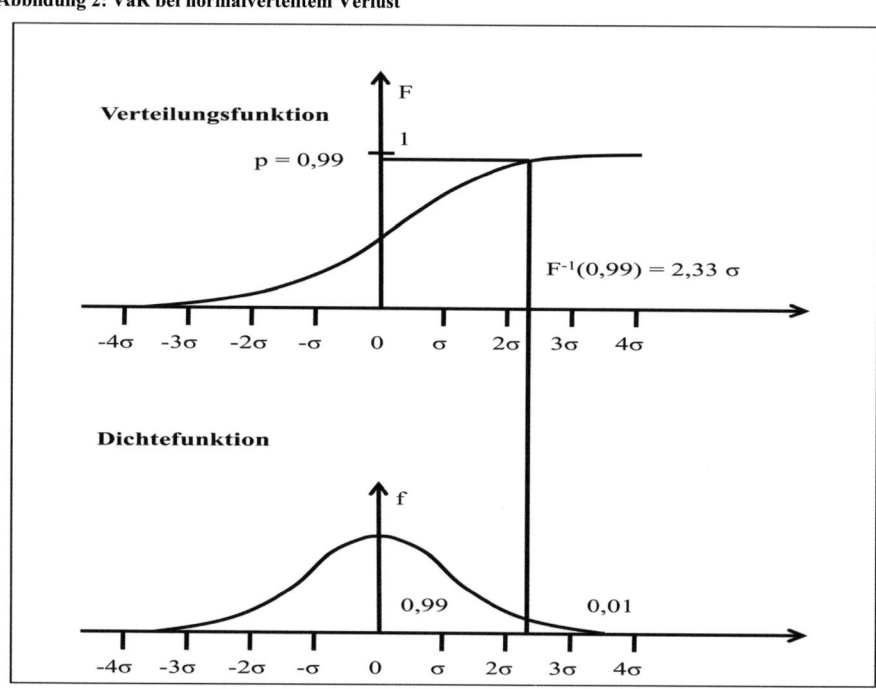

Quelle: Huschens, S. (2000), S. 33., eigene Darstellung.

---

[47] Vgl. Kuruc, A. (2000), S. 185 f.
[48] Vgl. Pohanka, C. (2008), S. 5 f.
[49] Vgl. Schramm, S. (2009), S. 9 f.

Die große Kritik, die dem VaR als Risikomaß anhaftet, ist die Annahme, aus einer Vergangenheitsanalyse eine sichere, auf Berechnungen begründete Prognose für die Zukunft abgeben zu können. Dabei muss vor allem auf die Risiken jenseits des gewählten Konfidenzniveaus, also auf die 1 % bis 5 % oberhalb der Eintrittswahrscheinlichkeit für den maximal erwarteten Verlust geachtet werden.[50] Der schlechteste Fall der eintreten kann, der auch als worst-case-scenario bezeichnet wird und den größtmöglichen Verlust darstellt, wird vom VaR nicht abgebildet. Somit darf der VaR nicht als alleiniges Werkzeug für die Beurteilung des Adressenrisikos gelten, vielmehr müssen auch sämtliche Rahmenbedingungen in die Kreditentscheidung miteinbezogen werden, um eine fundierte Risikoeinschätzung vornehmen zu können.[51] Der VaR wurde zuerst lediglich für die Beurteilung von Marktrisiken eingesetzt, erst später wurde der VaR entsprechend modifiziert, so dass er auch für die Einschätzung von Adressen-ausfallrisiken eingesetzt werden konnte.[52]

3.2.1.2 Marktrisiken der Kreditinstitute

Mit dem Begriff Marktrisiken sind hier die Risiken der Kreditinstitute auf dem Kapitalmarkt gemeint, die sich aus den Zins-, Fremdwährungs- bzw. Wechselkurs-, Aktienkurs-, Goldpreis-, Waren- und Rohstoffrisiken ergeben. Alle diese Risiken beschreiben einen potentiellen Wertverlust. Zinsrisiken können sich z. B. durch Veränderungen des Basiszinses ergeben, während Wechselkursrisiken im Derivat-geschäft durch schwankende Wechselkurse entstehen.[53] Die Marktrisiken beziehen sich nicht auf einen einzelnen Kredit, sondern stets auf das gesamte, mit Risiken behaftete Portfolio eines Kreditinstituts, welches unter anderem aus Unternehmenskrediten, Beteiligungen an Unternehmen, Zertifikaten und Aktien besteht.[54] Der VaR ist für die Einschätzung von Marktrisiken gut geeignet, zumal die für die Berechnung des VaR erforderlichen Daten in Hinblick auf Zins-, Wechselkurs-, Aktienkurs-, Goldpreis- sowie Waren- und Rohstoffveränderungen genau dokumentiert und zudem auch gut verfügbar sind.[55] Dennoch ist auch bei der Einschätzung von Marktrisiken mit Hilfe des VaR als Kritikpunkt der Umstand zu nennen, dass der VaR nur den maximal erwarteten Verlust, nicht aber den größtmöglichen Verlust abbildet. Zur Einschätzung dieser besonderen Risiken oberhalb des Konfidenzniveaus bedient sich die Finanzwelt sog. Stresstests. Dies sind

---

[50] Vgl. Wolke, T. (2008), S. 60.
[51] Vgl. Fiege, S. (2006), S. 172 f.
[52] Vgl. Eisele, B. (2004), S. 28.
[53] Vgl. Bachmann, U. (2004), S. 55.
[54] Vgl. Reichling, P. / Bietke, D. / Henne, A. (2007), S. 36.
[55] Vgl. Fricke, J. (2006), S. 22.

Szenarioanalysen, die mittels extremer Annahmen hinsichtlich des Marktumfeldes eine Risikokennzahl ermitteln. Im Szenario werden die Marktparameter, welche für die Berechnung des VaR herangezogen wurden stark modifiziert, um die Auswirkungen auf das eigene Portfolio zu prüfen und die Risikokennzahl zu berechnen.[56] Die Ergebnisse der Stresstests sollen zusammen mit den berechneten VaR für eine differenziertere Risikobetrachtung und Vergleichbarkeit hinsichtlich gewisser Portfolios oder Investitionen des Kreditinstituts sorgen. Das gesamte Kreditportfolio einem Stresstest zu unterziehen ist keineswegs freiwillig, sondern dem Kreditinstitut beim Einsatz von internen VaR-Ansätzen zur Ermittlung des vorzuhaltenden Eigenkapitals durch die BAFin vorgeschrieben. Die BAFIN empfiehlt für die Berechnung des Marktrisikos mittels VaR ein Konfidenzniveau von 99 % und eine standardisierte Haltedauer von zehn Tagen. Durch diese standardisierten Parameter der BAFin werden alle Kreditinstitute gleich behandelt. So soll gewährleistet werden, dass alle Kreditinstitute auch bei starken Veränderungen am Kapitalmarkt, die bekannter-maßen innerhalb kürzester Zeit erfolgen können sowie in Krisenzeiten über ein ausreichendes Eigenkapital verfügen.[57]

3.2.1.3 Operationelle Risiken der Kreditinstitute

Wie schon unter BASEL I fließen das Kreditrisiko und das Marktrisiko in die Berechnung des vorzuhaltenden haftenden Eigenkapitals der Kreditinstitute mit ein. Neu unter BASEL II ist die Betrachtung und Bewertung des operationellen Risikos. Es handelt sich hierbei um Risiken deren Eintrittswahrscheinlichkeit nicht exakt messbar ist. Diese Risiken basieren z. B. auf möglichen internen Prüfungsfehlern in der Abwicklung von Geschäftsanbahnungen, nicht steuerbaren Prozessen innerhalb der Mitarbeiter und menschlichen Fehlern. Allerdings gehören auch Betrugsfälle durch Mitarbeiter oder Externe sowie externe Ereignisse außerhalb des Marktes bzw. des Kreditinstituts zu den operationellen Risiken.[58] Der Begriff des „externen Ereignisses" meint an dieser Stelle bspw. Naturkatastrophen, Börsencrashs und Terroranschläge. Zur Berechnung dieser mit Eigenkapital zu unterlegenden Risiken sieht der Baseler Ausschuss für Bankenaufsicht drei verschiedene Verfahren vor. Hierzu zählen der Basisindikator-Ansatz (BIA), der Standard-Ansatz (STA) sowie der ambitionierte Messansatz (AMA).[59] Der BIA und der STA nehmen als gemeinsame Ausgangsbasis für die Berechnung

---

[56] Vgl. Wolke, T. (2008), S. 60 f.
[57] Vgl. Unger, D. (2008), S. 36 f.
[58] Vgl. Kaiser, T. / Köhne, M. F. (2007), S. 38.
[59] Vgl. Friedmann, A. (2008), S. 19.

des vorzuhaltenden Eigenkapitals den Bruttoertrag des Kreditinstituts. Bei der Verwendung des BIA wird der durchschnittliche Bruttoertrag der vorangegangenen drei Jahre mit einem bereits für das Kreditinstitut festgelegten Faktor gewichtet. Der STA unterscheidet sich vom BIA in der Berechnung des vorzuhaltenden Eigenkapitals durch eine differenzierte Betrachtung der strategischen Geschäftsfelder (SGF). Hierbei wird jedem SGF ein gesonderter Gewichtungsfaktor für den jeweiligen Anteil am Bruttoertrag zugewiesen, so dass die Summe der gewichteten SGF-Bruttoerträge das vorzuhaltende Eigenkapital für operationelle Risiken ergeben. Bei der Ermittlung des Eigenkapitals durch AMA fließt zusätzlich die aktuelle Situation des Kreditinstituts in die Berechnung mit ein. Der ambitionierte Ansatz zur Messung des operationellen Risikos und des damit verbundenen vorzuhaltenden Eigenkapitals ist ein interner Ansatz des Kreditinstituts. Dieser ist, wie viele andere bankinterne Risikomessverfahren genehmigungspflichtig und bedarf somit der vorherigen Genehmigung durch die BAFin. [60] Die vorherige Genehmigungspflicht durch die BAFin soll, wie bei den übrigen bank- bzw. institutsinternen Risikoermittlungsverfahren, auch hier für mehr Sicherheit sorgen.

3.2.1.4 Liquiditätsrisiken der Kreditinstitute

Die Liquidität eines Unternehmens beschreibt allgemein die Fähigkeit seinen Zahlungsverpflichtungen stets wie zuvor vereinbart, also in voller Höhe bis zum Fälligkeitszeitpunkt nachzukommen. Dieses gilt natürlich auch für Kreditinstitute. Somit ist die Liquidität des Kreditinstituts die positive Differenz der Zahlungszuflüsse, inklusive der in der Zwischenzeit gebildeten Reserven über den Zahlungsabflüssen im gleichen Zeitablauf. Im KWG wird das Liquiditätsrisiko lediglich unter § 11 behandelt. Dieser Paragraph besagt grundsätzlich, dass im Kreditinstitut stets eine ausreichende Liquidität vorhanden sein muss. Außerdem stellt er auf geeignete Messmethoden und in die Berechnung einzuschließende Geschäfte ab, die der Genehmigung des Bundesministeriums für Finanzen in Absprache mit der deutschen Bundesbank bedürfen. Auch die Mindestanforderungen für Risikomanagement (MaRisk) behandeln das Liquiditätsrisiko analog zu anderen Risiken, bei denen es die Steuerung, Messung und Überwachung verlangt. Theoretisch wird das Liquiditätsrisiko als eine Folge der Abweichung vom erwarteten Standard verstanden. Die Abweichung vom erwarteten und zuvor vereinbarten Standard bezieht sich dabei nicht nur auf z. B. nicht eingegangene Rückzahlungen von Kreditraten, sondern auf alle erwarteten und nicht erfolgten

---

[60] Vgl. Minz, K.-A. (2004), S. 179.

Zahlungszuflüsse des Unternehmens bzw. hier des Kreditinstituts.[61] In der Literatur finden sich unterschiedliche und zum Teil aufeinander aufbauende Ansätze, die das Liquiditätsrisiko und den Umgang damit beschreiben. Hierzu zählen z. B. die älteren und klassischen Ansätze, wie die goldene Bankregel, die Bodensatztheorie, die Shiftability Theory sowie die Maximalbelastungstheorie. Der Liquidity-at-Risk-Ansatz (LaR) ist der modernste Ansatz zur Bestimmung, Steuerung und Identifizierung von Liquiditätsrisiken.[62] Die goldene Bankregel besagt, dass die Aktiva- und Passiva-geschäfte eines Kreditinstituts hinsichtlich der Quantität, als auch der Qualität möglichst übereinstimmen sollten, um Refinanzierungsrisiken zu minimieren. Die goldene Bankregel wurde hauptsächlich durch den Statistiker und Volkswirt Otto Hübner Mitte des 19. Jahrhunderts geprägt. Er beschrieb die goldene Bankregel wie folgt: „Der Credit, welchen eine Bank geben kann, ohne Gefahr zu laufen, ihre Verbindlichkeiten nicht erfüllen zu können, muß nicht nur im Betrage, sondern auch in der Qualität dem Credit entsprechen, welchen sie genießt."[63] Zudem forderte Hübner eine Übereinstimmung der Laufzeiten für Aktiva- und Passivageschäfte, diese wird als Fristenkongruenz bezeichnet. Diese Regelung widerspricht allerdings dem Grundsatz der Fristentransformation, die besagt, dass für die Steuerung der voneinander abweichenden Anlage- und Finanzierungswünsche der Kunden der Einsatz eines Finanzintermediärs, z. B. eines Kreditinstituts notwendig ist. Die Fristentransformation hilft den Kreditinstituten bspw. bei der Finanzierung von kurzfristigen Anlagen, die durch langfristig überlassenes Kapital refinanziert werden. Die strikte Anwendung der goldenen Bankregel wäre zwar in der Lage Liquiditätsrisiken zu minimieren, allerdings unter der Bedingung, dass das Kreditinstitut einem Hauptgeschäftsfeld, dem kurzfristigen Anlagegeschäft, nicht mehr nachkommen könnte.[64] Bei der Bodensatztheorie, die 1857 von Adolf Wagner, aufbauend auf der goldenen Bankregel, entwickelt wurde, geht man von einem anderen Prinzip aus bzw. unterstellt gewisse Faktoren. Die Bodensatztheorie besagt, dass die fälligen Einlagen der Gläubiger, dies können z. B. täglich-fällige Giralgelder sein, nicht alle zum gleichen Zeitpunkt abgehoben werden, auch wenn sie als täglich-fällig gelten und auch einzustufen sind. Es wird also zwischen der formellen und der materiellen Frist von Einlagelaufzeiten unterschieden. Zudem wird angenommen, dass den Auszahlungen auch Einzahlungen im gleichen Zeitraum gegenüberstehen, die ausgleichend wirken können. Der sog. Bodensatz, der dieser Theorie

---

[61] Vgl. Büdel-Hartmann, S. (2008), S. 6 f.
[62] Vgl. Hartmann-Wendels, T. / Pfingsten, A. / Weber, M. (2010), S. 468.
[63] Vgl. Hübner, O. (1854), S. 28.
[64] Vgl. Hartmann-Wendels, T. / Pfingsten, A. / Weber, M. (2010), S. 469.

ihren Namen gab, besteht aus dem eingezahlten Kapital der Kunden, welches aus der Erfahrung heraus nicht komplett zum gleichen Zeitpunkt materiell fällig wird, obwohl es formell fällig ist. Somit soll es möglich sein, auch mit kurzfristigen Einlagen längerfristige Anlagen zu tätigen, in dem zu jedem Zeitpunkt ein sog. Bodensatz oder Sockelbetrag an Einlagen vorhanden ist, der nicht von den Kunden abgehoben wird.[65] Eine weiterführende und auf den vorangegangen Ansätzen aufbauende Theorie ist die Shiftability Theory von Harold Glenn Moulton, die sich mit der Handelbarkeit von Bankaktiva und dem damit einhergehenden Zusammenhang von Marktpreis- und Liquiditätsrisiken beschäftigt. Des Weiteren unterstellt diese Theorie, dass ein Kreditinstitut mittels des Verkaufs von Bankaktiva Liquiditätsengpässe ausgleichen kann. Diese Bankaktiva können z. B. Wertpapiere sein. Während sich die Bodensatztheorie und die Shiftability Theory damit beschäftigen, die strengen Vorgaben und Konsequenzen aus der Goldenen Bankregel mit entsprechenden Tatsachenbeständen zu entkräften, beschäftigt sich die Maximalbelastungs-theorie mit der Eventualität eines sog. Bank Runs, bei dem theoretisch alle Anleger ihre fälligen Einlagen zum gleichen Zeitpunkt kündigen. Dieser theoretische Fall soll durch die Einlagenversicherung geheilt werden, da damit, selbst im Falle einer Krise, den Anlegern die Sicherheit der Einlage bestätigt werden kann und somit der Anreiz zur Kündigung der Einlage genommen wird. Die Vorgaben der Liquiditätsverordnung (LiqV) für Kreditinstitute sollen einen zusätzlichen Schutz darstellen.[66] Der Gedanke der Maximalbelastungstheorie stammt von Wolfgang Stützel, er prägte den Leitsatz dieser Theorie: „Die Summe der Verluste, die bei einer derartigen vorzeitigen Abtretung gewisser Aktiva hingenommen werden müssen, darf nie höher sein als das Eigenkapital." Also muss das Eigenkapital des Kreditinstituts einen gewissen Grad an Flexibilität aufweisen, damit es bei gewissen Marktsituationen, die höhere Abschläge beim Verkauf von Aktiva wahrscheinlich machen, erhöht werden kann.[67] Die Höhe der Abschläge für den Verkauf von Bankaktiva hängt von der Situation der Märkte ab, auf denen diese gehandelt werden. Dabei ist es vorstellbar, dass die Transparenz und Liquidität der Märkte über die Höhe der Abschläge mitentscheidet. Somit ist es bei vorhandener Liquidität der Märkte und einer damit einhergehenden geringen erwarteten Abschlagshöhe beim Verkauf von Bankaktiva möglich, von den Grundsätzen der Goldenen Bankregel abzuweichen.[68] In der heutigen Zeit wird das kurzfristige Liquiditätsrisiko mit

---

[65] Vgl. Büschgen, H. E. (1998), S. 908.
[66] Vgl. Hartmann-Wendels, T. / Pfingsten, A. / Weber, M. (2010), S. 472 f.
[67] Vgl. Stützel, W. (1959), S. 43.
[68] Vgl. Hartmann-Wendels, T. / Pfingsten, A. / Weber, M. (2010), S. 473.

Hilfe des LaR gesteuert und gemessen. Der LaR fußt in seinem rechnerischen Aufbau, dem in vorangegangen Kapitel erläuterten VaR. Ähnlich dem VaR, besitzt auch der LaR ein Konfidenzniveau und eine Haltedauer. Der LaR bemisst somit den Nettofinanzierungsbedarf eines Kreditinstituts, der mit einer gewissen Wahrscheinlichkeit an einem Tag nicht überstiegen wird. Hier werden, ähnlich wie bei der Berechnung des VaR, die Extremwerte bzw. Ausreißerwerte vorerst nicht mitberücksichtigt. Dabei gehen gerade von diesen, im Vorwege schwer einzuschätzenden hohen Abflüssen, große Risiken für die Liquidität aus. Diese Ausreißerwerte werden allerdings mit Hilfe von Extremwertmethoden in die Berechnung des Finanzierungsmittelbedarfs miteinbezogen.[69] Insgesamt existieren drei verschiedene LaR-Ansätze, welche sich in der Datenbasis unterscheiden, die der Berechnung des LaR zugrunde liegt. Unterschieden werden nicht-parametrische, parametrische und semi-parametrische Verfahren. Nicht-parametrische Verfahren basieren auf historischen bzw. empirischen Daten über Zahlungszu- und -abflüsse des Kreditinstituts. Parametrische Verfahren basieren auf einer theoretischen Annahme hinsichtlich der Verteiliungs-funktion, die hierbei auch stark von einer Normalverteilung abweichen kann. Die semi-parametrischen Verfahren arbeiten mit sog. Extremwertmethoden, welche die oben beschriebenen Ausreißerwerte innerhalb einer Verteilung mit einbeziehen bzw. approximieren soll. Meist werden diese drei Verfahren gleichzeitig genutzt, um die Verteilung der Zu- und Abflüsse so genau wie möglich einzuschätzen und daraus den Finanzierungsbedarf zu berechnen. Auch hier werden im Nachhinein sog. Backtests gemacht, bei der die Vorhersage mit der eingetroffenen Realität verglichen wird.[70] Grundsätzlich geht ein Kreditinstitut nicht absichtlich ein Liquiditätsrisiko ein. Anders als ein Markt- oder Kreditrisiko, ist ein Liquiditätsrisiko nicht mit einer Gewinnerzielungsabsicht verbunden, es steht also dem Risiko kein möglicher oder erwarteter Ertrag gegenüber. Vielmehr kann das Liquiditätsrisiko als eine Folge von Abweichungen verstanden werden, die aus den zuvor genannten eingegangenen Risikoarten resultieren.[71] Der LaR dient der Steuerung von kurzfristigen Liquiditäts-risiken. Zur Steuerung von mittel- bis langfristigen Liquiditätsrisiken bedient man sich dem sog. erweiterten LaR, dem Liquidity-Value-at-Risk (V-LaR). Dieser Ansatz wird eingesetzt, falls die Ermittlung des LaR ergibt, dass die Kosten der Refinanzierung höher als erwartet ausfallen. Somit misst der V-LaR den Betrag, der durch unvorhersehbar hohe Kosten bei der

---

[69] Vgl. Blum, A. (2008), S. 13.
[70] Vgl. Hofmann, M. (2009), S. 25 f.
[71] Vgl. Büdel-Hartmann, S. (2008), S. 8.

Refinanzierung mit einer gewissen Wahrscheinlichkeit innerhalb eines zuvor bestimmten Zeithorizonts nicht überschritten wird.[72]

3.2.1.5 Geschäftsrisiken der Kreditinstitute

Die Geschäftsrisiken in Kreditinstituten sind in ihrer Art vergleichbar mit den Geschäftsrisiken jedes anderen Unternehmens, unabhängig von der jeweiligen Branche. Auch hier beschreiben sie die Risiken, die mit der Unsicherheit des Marktes und somit der Entwicklung des Unternehmensergebnisses einhergehen. An dieser Stelle sind nicht die oben beschriebenen Marktrisiken gemeint, sondern z. B. die Veränderungen im Kundenverhalten oder bei den Kundenwünschen. Des Weiteren zählen auch die sich vielleicht verändernden gesetzlichen Rahmenbedingungen sowie der technische Fort-schritt von oder gegenüber Wettbewerbern zu den Geschäftsrisiken bzw. -chancen.[73] Diese Determinanten können die Gefahr von potenziellen Verlusten bergen, bspw. durch das Risiko auf den Märkten geringere Margen zu erzielen oder Rückgänge im Auftragsbuch zu verzeichnen. Diese Risiken könnten in der Bankenwelt z. B. durch den technischen Fortschritts des Mitbewerbers im Internet verursacht werden, der dem Kunden dieses Kreditinstituts per Onlinekundenportal einen umfassenderen und jederzeit abrufbaren Service bieten kann. Es können auch veränderte gesetzliche Rahmenbedingungen dazu führen, dass z. B. gewisse Zertifikate nicht mehr, oder nur unter bestimmten Voraussetzungen gehandelt werden dürfen, was negativ, aber u. U. auch positiv das Ergebnis des Kreditinstituts beeinflussen könnte. Die Geschäftsrisiken drücken allgemein den Verlust aus, der bei sinkenden Erträgen des Kreditinstituts und einer nicht möglichen negativen Anpassung der Aufwendungen generiert wird.[74] Dieser möglichen Folge soll die Unternehmensstrategie entgegenwirken. Bei der Entwicklung und Formulierung einer Unternehmensstrategie müssen zuvor die spezifischen Unternehmens- und Geschäftsrisiken, die u. a. von der jeweiligen Branche abhängen können, analysiert werden. Die Unternehmensstrategie soll nun diesen Risiken mit geeigneten Maßnahmen und betriebswirtschaftlich ausgerichteten Prozessen begegnen und damit das Geschäftsrisiko minimieren. Bei der Identifikation und Bewertung wird zwischen ex ante- und ex post-Betrachtungen unterschieden. Die ex post-Betrachtung bewertet die Geschäftsrisiken mittels berechneter Wahrscheinlichkeiten aufgrund historischer Daten über die Volatilität von

---

[72] Vgl. Zeranski, S. (2007), S. 20.
[73] Vgl. Bindert, D. / Rauleder, R. (2004), S. 609.
[74] Vgl. Spielberg, H. / Sommer, D. / Dankenbring, H. (2004), S. 328.

angemessenen Risikofaktoren, wie z. B. Zins- oder Kursänderungen.[75] Die ex ante-Betrachtung muss hingegen zunächst zukünftige Risiken, z. B. in sich ändernden Rahmenbedingungen identifizieren und diese mittels Szenarioanalysen auswerten. Das Szenario veranschaulicht die Auswirkungen bei Eintritt dieser Risiken auf einer Skala, die sowohl den worst-case, als auch den best-case darstellt.[76] Diese Szenarioanalysen zeigen, wie die durchzuführenden Stresstests beim Einsatz des VaR, den größtmöglichen Verlust auf und bilden dabei nicht nur, wie der VaR, den höchsten erwarteten Verlust ab. Es erfolgt eine Klassifizierung der Risiken nach Höhe der Möglichkeit zur Einflussnahme. Die Beeinflussung des Risikos ist auf der Ebene einzelner Geschäftsfelder, wie z. B. einem Nachfragerückgang in einem einzelnen Geschäftsbereich, durch gezielte Maßnahmen gut möglich. Bei einem Risiko hingegen, welches sich mit der Veränderung von gesetzlichen Rahmenbedingungen beschäftigt, ist die Einflussnahme durch das Kreditinstitut oder auch jedem anderen Unternehmen nahezu unmöglich. So verbot die BAFin am 18. Mai 2010 in Form einer Allgemeinverfügung mit Vorbehaltsrecht ungedeckte Leerverkäufe in Schuldtiteln von Ländern der sog. Euro-Zone sowie die Begründung oder den Eintritt in ein Kreditderivat, in dem für den Sicherungsnehmer keine Risikoreduktion erfolgt, als auch ungedeckte Leerverkäufe von gewissen Aktien. Diese Allgemeinverfügung wurde mit Wirkung zum nächsten Tag bekannt gemacht.[77] Es waren in diesem Fall die Aktien der zehn größten Finanzdienstleister: Aareal Bank AG, Allianz SE, Commerzbank AG, Deutsche Bank AG, Deutsche Börse AG, Deutsche Postbank AG, Generali Deutschland Holding AG, Hannover Rückversicherung AG, MLP AG und die Münchener Rückversicherungs-Gesellschaft AG.[78] Die Verbote, die durch die BAFin ausgesprochen wurden, traten am 19. Mai 2010 in Kraft, sie sollten vorerst bis zum 31. März 2011 gelten. Es sollte zudem ständig überprüft werden, ob die Verbote sowohl rechtlich, als auch konjunkturell vonnöten wären oder nicht. Am 26. Juli 2010 hat die BAFin dieses Verbot mit Wirkung zum nächsten Tag wieder aufgehoben. Dieses Verbot in Form einer Allgemeinverfügung unter Vorbehalt wurde durch eine weitere Allgemeinverfügung zum Widerruf des Verbotes aufgehoben. Die Regelungen der vorher geltenden Allgemeinverfügung zum Verbot derartiger Verkäufe wurden im Gesetz zur Vorbeugung gegen missbräuchliche Wertpapier- und Derivategeschäfte, welches am 21. Juli

---

[75] Vgl. Brienen, T. / Quick, M. (2006), S. 8 f.
[76] Vgl. Brienen, T. / Quick, M. (2006), S. 10 f.
[77] Vgl. BAFin online am 09. Dezember 2010 im www unter URL:
   http://www.bafin.de/cln_179/nn_722758/SharedDocs/Aufsichtsrecht/DE/Verfuegungen/vf__100726__leerver
   kauf__widerruf.html.
[78] Vgl. Brienen, T. / Quick, M. (2006), S. 10.

2010 in Kraft trat, implementiert und machten die Allgemeinverfügung und deren Bestimmungen bzw. Verbote, wie die ständige Überprüfung feststellte, überflüssig.[79] In dem vorangegangenen Beispiel sind die Möglichkeiten zur Einflussnahme für das betreffende Unternehmen bzw. Kreditinstitut verschwindend gering bzw. gar nicht vorhanden. Gerade bei Veränderungen in den gesetzlichen Rahmenbedingungen ist eine Einflussnahme durch das betreffende Unternehmen faktisch unmöglich.

3.2.1.6 Ökonomisches Kapital der Kreditinstitute

Der Begriff des Ökonomischen Kapitals wird im Finanz- und Bankwesen für den Gesamtkapitalbedarf eines Kreditinstituts benutzt, welches für den Ausgleich von Verlusten zur Verfügung stehen soll. Da das Ökonomische Kapital sämtliche unterlegungspflichtige Risiken, wie z. B. Kredit-, Geschäfts-, Markt- und operationelle Risiken eines Kreditinstituts abdecken soll und diese somit in der Summe umfasst, können die Verluste vielfältig sein und auch simultan in mehreren Risikobereichen auftreten.[80] Die Bestimmung des Ökonomischen Kapitals erfolgt über die Aufsummierung des vorzuhaltenden Kapitals für die vorgenannten verschiedenen Einzelrisikobereiche. Hierbei müssen für die verschiedenen Bereiche unterschiedliche Verteilungen, Konfidenzniveaus und Haltedauern berücksichtigt werden.[81] Die Methode des Ökonomischen Kapitals hat gerade die unerwarteten Verluste (UEL) im Fokus, da die Kalkulation der erwarteten Verluste (EL) mittels verschiedener Ansätze, wie z. B. dem VaR, abgedeckt werden und somit kein wirkliches uneingepreistes Risiko darstellen. Dieses resultiert wiederum aus der Einpreisung der erwarteten Verluste in die Kreditkonditionen, vorzugsweise in die Zinskonditionen.[82] Das Ökonomische Kapital ist vor allem ein Konzept zur Berechnung des benötigten Eigenkapitals, welches für sehr hohe unerwartete Verluste bereit stehen soll. Bei der Bestimmung des Ökonomischen Kapitals wird häufig ein Sicherheits- bzw. Konfidenzniveau gewählt, welches an das Rating des Kreditinstituts angelehnt ist. Außerdem wird für alle Risikopositionen eine homogene Haltedauer von einem Jahr angenommen.[83] Zum Teil werden die Begriffe des Ökonomischen Kapitals und des Barwerts der unerwarteten Verluste in der wissenschaftlichen Literatur

---

[79] Vgl. BAFin online am 09. Dezember 2010 im www unter URL:
http://www.bafin.de/cln_179/nn_722758/SharedDocs/Aufsichtsrecht/DE/Verfuegungen/vf__100726__leerver
kauf__widerruf.html.
[80] Vgl. Bindert, D. / Rauleder, R. (2004), S. 609.
[81] Vgl. Kaiser, T. / Köhne, M. F. (2007), S. 131 f.
[82] Vgl. Schulte-Mattler, H. (2007), S. 1865 ff.
[83] Vgl. Henking, A. / Bluhm, C. / Fahrmeir, L. (2006), S. 31.

synonym verwendet. Grundsätzlich dienen alle Gesamtbank- oder Gesamtrisikosteuerungskonzepte lediglich dem Zweck, den Geschäftsbetrieb eines Kreditinstituts auch nach gewissen Fehlschlägen bzw. dem Eintreten hoher unerwarteter Verluste aufrechterhalten zu können.[84] Dies bedeutet hierbei nur, dass das Kreditinstitut weiterhin allen fälligen Zahlungsverpflichtungen wie vereinbart, also in voller Höhe und zum richtigen Zeitpunkt nachkommen kann.

3.2.2 Zweite Säule - Bankenaufsicht

Die zweite Säule beinhaltet die Bankenaufsicht bzw. das bankenaufsichtliche Überprüfungsverfahren, den sog. Supervisory Review Process (SRP), welches unter BASEL II weiter überarbeitet wurde. Die Hauptaufgabe der Bankenaufsicht besteht darin, die Kreditinstitute hinsichtlich der Einhaltung der Regelungen aus der ersten und dritten Säule zu überprüfen und bei Verstößen gegen diese Bestimmungen im Bedarfsfall zu intervenieren.[85] Das bankenaufsichtliche Überprüfungsverfahren SRP umfasst die Bereiche des internen und externen Aufsichtsverfahrens, den intensiven Dialog zwischen Banken und den jeweiligen Aufsichtsbehörden sowie einen Maßnahmenkatalog, falls es die Bankenaufsicht für erforderlich hält einzuschreiten. Die Aufgaben der internen Aufsicht bestehen darin, die im Kreditinstitut angewandten Verfahren zur Bemessung und Bewertung von Risiken aller Art und der damit verbundenen Eigenkapitalvorhaltung bzw. Kapitalausstattung zu kontrollieren und wenn möglich, zu verbessern. Des Weiteren gehört auch die Weiterentwicklung der bankinternen Prüfungsprozesse und Risikomanagementtools zu den Aufgaben der internen Bankenaufsicht. Die Kernaufgaben der externen Aufsicht liegen insbesondere in der Beobachtung von externen Einflüssen, wie z. B. internationalen konjunkturellen Schwankungen oder besonders starken Veränderungen auf größeren Märkten. Hier ist vor dem Hintergrund der Wirtschaftkrise vor allem die Immobilienbranche in den Fokus gerückt.[86] BASEL II gibt den Kreditinstituten mehr Eigenverantwortung durch die freie Wahl der Risikomanagementprozesse, die vor der Anwendung eingehend von der BAFin geprüft werden. Dies bewirkt auf der Gegenseite einen größeren Dialog zwischen Aufsichtsbehörden und Kreditinstituten. Der sogenannte Dialog, der vor allem die Überprüfung der Risiken beinhaltet, stellt für die Kreditinstitute eine Form der Überwachung dar, welche sie wiederum

---

[84] Vgl. Bindert, D. / Rauleder, R. (2004), S. 609.
[85] Vgl. Sanio, J. (2004), S. 11.
[86] Vgl. Übelhör, M. / Warns, C. (2004), S. 34 f.

dazu veranlassen soll, die bankinternen Risikomanagementsysteme zur Messung der Risiken weiter zu verbessern, um den Anforderungen aus der ersten Säule (Mindestkapitalanforderungen) zu genügen.[87] Dieser Dialog findet in Form von routinemäßigen oder auch anlassbezogenen Bankaufsichtsgesprächen mit den Kreditinstitutsleitern und leitenden Angestellten der verschiedenen Geschäftsfelder statt. Bei anlassbezogenen Gesprächen kann neben der Bankenaufsicht auch die BAFin anwesend sein. Diese Vor-Ort-Gespräche mit den Kreditinstituten sind für die Bankenaufsicht von besonderer Wichtigkeit, geben sie der Bankenaufsicht doch einen wesentlich genaueren Einblick in die Prozessabläufe der Kreditinstitute. Gleichzeitig können die Gespräche auch von Seiten der Kreditinstitute genutzt werden, um über die eigenen Belange und Anforderungen zu sprechen.[88] Bei der Feststellung von Schwächen oder möglichen Risiken in den Prozessabläufen, der Eigenkapitalunterlegung für Kreditportfolios oder den bankinternen Risikomanage-mentsystemen eines Kreditinstituts hat die Bankenaufsicht sowohl die Kompetenz, als auch die Pflicht, geeignete Maßnahmen zur Behebung dieser Schwachstellen aufzuerlegen. Dies können z. B. Zuschläge bei der Eigenkapitalausstattung sein, falls von der Bankenaufsicht ermittelt wurde, dass diese für die zugrundeliegenden Risiken zu gering ausfällt. Die Ursache liegt in einer historischen Unterbewertung der Risiken, was wiederum in der Folge zu einer zu niedrigen Eigenkapitalausstattung geführt hatte. Ein positiven Nebeneffekt dieser bankenaufsichtlichen Überprüfung ist die nachfolgende Pflicht des Kreditinstituts seine bankinternen Verfahren zur Messung von Risiken zu optimieren.[89] Zudem soll die nationale und internationale (Wirtschafts-)Kriminalität eingedämmt werden. Hierbei wird insbesondere versucht, die Terrorfinanzierung über Ländergrenzen hinweg und die damit häufig einhergehende Geldwäsche einzudämmen bzw. zu verhindern. Außerdem sollen die Wettbewerbs-bedingungen der Kreditinstitute international angepasst werden, um sie damit vergleichbarer zu machen. Dies soll die Chancengleichheit im internationalen Bankenwettbewerb verbessern.[90]

---

[87] Vgl. Behr, P. / Fischer, J. (2005), S. 41.
[88] Vgl. Deutsche Bundesbank (2006), S. 193 ff.
[89] Vgl. Klement, J. (2007), S. 269.
[90] Vgl. Büttner, D. (2003), S. 15.

3.2.3 Dritte Säule – Marktdisziplin

Die dritte Säule rundet mit der erweiterten Offenlegung für Kreditinstitute, unter dem Stichwort Marktdisziplin den zweiten Baseler Eigenkapitalakkord ab. Die erweiterte Offenlegungspflicht soll das Vertrauen des Marktes in die Kreditwirtschaft wieder bestärken. Es wird davon ausgegangen, dass ein höherer Grad an Transparenz den Markt dazu veranlasst sich automatisch ein Kreditinstitut auszusuchen, welches risikobewusst und vorsichtig am Kapitalmarkt agiert. Die Vorschriften zur erweiterten Offenlegung werden auf die Eigenkapitalvorschriften, die Eigenkapitalstruktur, die eingegangenen Risiken und auf die Angemessenheit der Eigenkapitalausstattung der Kreditinstitute angewendet.[91] Die Transparenz, die durch die erweiterte Offenlegung erreicht werden soll, eröffnet nicht nur der Bankenaufsicht, sondern auch den Marktteilnehmern eine Kontrollmöglichkeit.[92] Die Offenlegungs- bzw. Publizitäts-pflichten haben keinen Empfehlungscharakter, sondern sind mit dem wirksam werden des zweiten Baseler Eigenkapitalakkords auch Bestandteil des KWG geworden. Zum 1. Januar 2007 wurden die Anforderungen aus der dritten Säule in § 26a des KWG sowie im fünften Teil des SolvV verankert.[93] Die Pflicht zur Offenlegung besteht insbesondere für die frei wählbaren institutsinternen Verfahren zur Bestimmung von unterlegungspflichtigen Risiken sowie bei der Berücksichtigung von Sicherheiten bei der Kreditvergabe, da diese Verfahren maßgeblich für die Eigenkapitalunterlegung dieser Risiken sind. Hier haben die sonst als Empfehlung gestalteten Vorschläge für die Offenlegung Vorschriftscharakter, da die Kreditinstitute diese Verfahren missbrauchen könnten, um die zu unterlegenden Risiken zu schönen.[94]

3.3 Veränderte Kreditkosten unter BASEL II

Die Kreditkosten beschreiben alle Kosten, die mit der Inanspruchnahme eines Kredits anfallen. Neben den Zinsen fallen häufig auch Bearbeitungsgebühren, Disagio, Provisionen oder Vermittlungsgebühren an. Für den Vergleich von Krediten taugt deshalb nur der effektive Jahreszinssatz als Vergleichsgröße, da nur in diesem bereits alle weiteren Kosten,

---

[91] Vgl. Übelhör, M. / Warns, C. (2004), S. 36.
[92] Vgl. Behr, P. / Fischer, J. (2005), S. 41.
[93] Vgl. Deutsche Schiffsbank (2009), S. 4. - online am 11. Dezember 2010 im www unter URL:
    http://www.schiffsbank.com/pdf/basel2_saeule_3_bericht08.pdf.
[94] Vgl. Deutsche Bundesbank, online am 11. Dezember 2010 im www unter URL:
    http://www.bundesbank.de/bankenaufsicht/bankenaufsicht_basel_saeule3.php.

neben den reinen Zinsen, enthalten sind.[95] Unter BASEL II verändern sich diese grundlegenden Richtlinien nicht. Neu ist, dass, wie bereits zuvor beschrieben (s. Kapitel 3.2.1 Erste Säule – Mindestkapitalanforderungen), die Eigenkapitalunterlegungspflicht an die Bonität des Kreditnehmers geknüpft wird. Um diese Bonität zu ermitteln, bedarf es eines Ratings, welches entweder bankintern nach dem IRB-Ansatz oder extern, nach dem Standard-Ansatz erhoben wird.[96] Die Kosten, die für ein erstes externes Unternehmensrating bei einer der international agierenden Rating-Agenturen, wie z. B. Standard & Poor´s, Moody´s oder Fitch Rating entstehen, belaufen sich auf ca. 35.000,00 € – 60.000,00 €. Bei den jüngeren Rating-Agenturen belaufen sich die Kosten für ein Erstrating auf immerhin 6.000,00 € – 35.000,00 €. Dies sind Rating-Agenturen, wie z. B. die Creditreform Rating AG oder die Hermes Rating GmbH, deren Hauptbetätigungsfeld eher im Mittelstand angesiedelt ist. Hinzu kommen die Kosten für die folgenden Ratings, da üblicherweise jährliche Ratings durchgeführt werden. Die Kosten sind stark von der Unternehmensgröße, der beauftragten Rating-Agentur und dem Umfang der Unternehmensbewertung abhängig.[97] Aufgrund der hohen Kosten entscheiden sich viele Unternehmen aus dem KMU-Segment gegen ein externes Rating. Zudem ist ein solches Rating kein unbedingter Garant für Zinsvorteile bzw. bessere Kreditkonditionen, wenn dieses bei Verhandlungen mit der Hausbank von dem Unternehmen vorgelegt wird. Sollte das Ergebnis des externen Ratings lediglich mittelmäßig sein, wäre ein Zinsvorteil im Rahmen der Kreditkonditionen unwahrscheinlich. Das betreffende Unternehmen hätte zu dem Zeitpunkt bereits einen größeren Betrag in das externe Rating investiert, von dem möglicherweise nicht einmal ein geringer Teil über bessere Kreditkonditionen getragen werden könnte. Ein externes Rating bietet dennoch mehr als ein institutsinternes Rating, da es wesentlich über den Umfang einer reinen Bonitätsprüfung hinausgeht. Hierbei werden sowohl die Stärken und Schwachstellen, als auch die Chancen und Risiken des zu bewertenden Unter-nehmens analysiert, dies ist auch als sog. SWOT-Analayse bekannt. Für die Schwachstellen und Risiken werden mögliche Lösungsansätze und Ratschläge übermittelt, die dem Unternehmen helfen sollen, die Risiken und Schwachstellen abzusichern bzw. zu optimieren. Diese Analysen sind nicht Gegenstand des bank-internen Ratings, hier berechnet das Kreditinstitut lediglich die Ausfallwahrscheinlicht des Kreditnehmers sowie die Wahrscheinlichkeit der fristgerechten Bedienung des Kredits.[98] Ein

---

[95] Vgl. Hippel, E. v. (1986), S. 198.
[96] Vgl. Cluse, M. / Göttgens, M. (2007), S. 89.
[97] Vgl. Lüdicke, O. (2003), S. 69.
[98] Vgl. Nölle, W. / Schwab, B. (2008), S. 429.

Kreditinstitut würde im Falle eines Kreditantrages im Rahmen der Kreditwürdigkeitsprüfung stets ein bankinternes Rating durchführen. Das Ergebnis dieses Ratings wird die Kreditkonditionen, unabhängig von der Existenz eines externen Ratings, maßgeblich beeinflussen. Ein externes Rating hat neben den oben genannten Zusatznutzen für das Unternehmen, nur einen Empfehlungscharakter für das Kredit-institut. Für das Kreditinstitut ist im KMU-Segment der IRB-Ansatz zur Beurteilung maßgebend.[99] Die Durchführung des institutsinternen Ratings belastet das Unternehmen nicht mit direkten Kosten. Diese Kosten werden aber, bei Zusage eines Kredits, über verschiedene Positionen bei der Einpreisung der Kosten und somit insgesamt über den effektiven Jahreszins internalisiert.[100] Die Kreditkosten haben sich unter BASEL II dahingehend verändert, dass es zu einer sogenannten Spreizung der Kreditkonditionen kommt. Es ist durchaus möglich, dass ein Unternehmen, welches über viele Sicherheiten verfügt, ein optimales Unternehmenscontrolling betreibt und gute Jahresabschlüsse vorweisen kann, Kreditkonditionen erhält, die unter Wirken von BASEL II besser sind, als sie unter BASEL I gewesen wären. Das KMU-Segment ist durchschnittlich nur zu ca. zehn Prozent mit Eigenkapital finanziert, verfügt nur über geringe Sicherheiten und ist aufgrund eines übersichtlichen Formalisierungsgrads häufig nicht mit professionellen Controllingtools ausgestattet. Das deutet darauf hin, dass sich somit die Kreditkonditionen unter BASEL II für viele KMU verteuern werden. Vor allem KMU mit geringer oder keiner Bonität, die entweder nicht über die genannten Attribute verfügen oder aufgrund einer Neugründung seitens des Kreditinstituts sehr vorsichtig eingeschätzt werden, haben somit unter BASEL II mit höheren Kreditkosten zu rechnen.[101] Das KMU-Segment trägt indirekt einen großen Anteil dieser Kosten, die durch das Inkrafttreten von BASEL II von Seiten der Kreditinstitute zur besseren Steuerung und Bemessung von Risiken investiert wurden. Die Umsetzung der BASEL II-Richtlinien, die zur Entwicklung und dem Einsatz dieser Risikobemessungskonzepte geführt hat, verursachte bei den Kreditinstituten bereits im Vorfeld für die Entwicklung von geeigneten und durch die BAFin genehmigungs-fähigen Risikomessverfahren hohe Kosten. Im ersten Zug werden die Entwicklungs- und Betreibungskosten der Risikomessverfahren von den Kreditinstituten selbst getragen. Im zweiten Zug werden diese Kosten in die Kreditkonditionen, in Abhängigkeit zur jeweiligen

---

[99] Vgl. Müller, C. (2007), S. 278.
[100] Vgl. Lemke, R. (2005), S. 257.
[101] Vgl. Howland, M. (2007), S. 44.

Bonität des Kreditnehmers, über Bearbeitungsgebühren, Provisionen, Disagio oder Zinszuschläge eingepreist und damit letztlich auf die Unternehmen abgewälzt.[102]

3.4 Die Grundlage für das bankinterne Rating (IRB-Ansatz)

Vor dem Hintergrund, dass der Standard-Ansatz für das KMU-Segment zwar eine nützliche, aber auch teure Kommunikationsform der eigenen Wirtschaftslage ist, beschäftigt sich dieses Kapitel mit dem bankinternen Rating, dem IRB-Ansatz. Das institutsinterne Rating findet, unabhängig von der Existenz eines externen Ratings, bei Beantragung eines Unternehmenskredites, im Rahmen der Kreditwürdigkeitsprüfung statt. Bei Anwendung des institutsinternen IRB-Ansatzes, welcher vom jeweiligen Kreditinstitut eigens entwickelt und zuvor von der BAFin als ein geeignetes Instrument zur Messung des Kreditrisikos bzw. der Ausfallwahrscheinlichkeit genehmigt wurde, berechnet sich diese auf Basis unterschiedlicher Unternehmensdaten. Die Grundlage des bankinternen Ratings, welches im Kreditvergabe-prozess für das jeweilige Unternehmen erstellt wird, bilden neben markt- und branchenspezifischen Daten insbesondere die letzten Jahresabschlüsse des Unternehmens, bestehend aus der Bilanz, dem Gewinn- und Verlustkonto, den Anhängen und Lageberichten sowie den betriebswirtschaftlichen Auswertungen. Die Lageberichte sind nur für mittelgroße bis große Kapitalgesell-schaften vorgeschrieben und somit im KMU-Segment, abhängig von der Größe des betreffenden Unternehmens, nicht zwingend erforderlich.[103] Bei der Jahresabschluss-analyse wird eine gewisse Anzahl von Bilanzkennzahlen aus der Strukturbilanz berechnet sowie die Gewinn- und Verlustrechnung einer genauen Prüfung unterzogen. Weiterhin wird für die exakte statistische Bestimmung der Ausfall-wahrscheinlichkeit eines Unternehmens eine sog. Diskriminanzanalyse erstellt. Diese ermittelt die Ausfall-wahrscheinlichkeit des zu bewertenden Unternehmens durch den Vergleich von speziell selektierten Bilanzkennzahlen, die einen historisch gewachsenen hohen Prognosewert aufweisen, mit den Kennzahlwerten von anderen Unternehmen aus der Branche. Dabei spielt die Entwicklung der Vergleichsunternehmen eine Rolle, ob sie bspw. insolvent wurden bzw. solvent blieben. Die in der Diskriminanzanalyse berechnete Ausfall-wahrscheinlichkeit bestimmt über die Risikoklasse des Unternehmens.[104] Zur Bestimmung

---

[102] Vgl. Behr, P. / Fischer, J. (2005), S. 60 ff.
[103] Vgl. Büschgen, H. E. (1998), S. 781.
[104] Vgl. Reichling, P. / Beinert, C. (2004), S. 436 f.

des Kreditrisikos oder auch zum Vergleich mit Risiken anderer Kredite kann zusätzlich auch der VaR eingesetzt werden. Ebenso wie zur Bestimmung des vom Kreditinstituts vorzuhaltenden Eigenkapitals.[105] Neben den Bilanzkennzahlen aus dem Jahresabschluss und der daraus resultierenden Vermögens, Finanz- und Ertragslage des Unternehmens, werden aber auch den sog. Soft-Skills, also weichen Faktoren Aufmerksamkeit geschenkt. Weiterhin werden die Bilanzkennzahlen im Rahmen von Jahresabschluss- und Diskriminanzanalyse als quantitative Aspekte den größten Einfluss auf das bankinterne Rating haben. Zu den oben genannten weichen Faktoren gehören die Prozesse und internen Unternehmens-strukturen sowie die Management-qualität, die sich z. B. in der Organisation der Unternehmensnachfolge oder auch der Steuerung der eigenen Position am Markt widerspiegelt. Des Weiteren gehören auch die Erfahrungen des Kreditinstituts aus früheren Geschäftsverbindungen zu den weichen bzw. qualitativen Faktoren, denen eine große Bedeutung zukommt. Dabei finden die historischen Kontodaten, also ältere Kontobewegungen, die dem Kreditinstitut bereits Zahlungsschwierigkeiten aufzeigen können, ehe sich diese im Jahresabschluss niedergeschlagen haben, eine besondere Beachtung.[106] Die Anzeichen für unzureichende oder sogar mangelnde Liquidität werden sowohl bei der Jahresabschlussanalyse in Form von Bilanzkennzahlen, als auch aus der Kontodatenanalyse erhoben. Die Kontodatenanalyse ermittelt anhand von Rücklastschriften und Scheckrückgaben sowie dem Zu- und Abfluss von Mitteln die Liquiditätslage des Unternehmens. Bei Vorliegen von Rücklastschriften oder Scheckrückgaben, kann dies schon einen Warnhinweis für das Kreditinstitut darstellen, der sich negativ auf das Rating auswirken kann. Als sog. K.O.-Kriterien gehen Kontopfändungen, unvereinbarte Überschreitungen des Betriebsmittelkredits und Kreditkündigungen bei anderen Banken in das Rating mit ein. Diese Kriterien führen in der Regel zur Ablehnung des Kreditantrags.[107] Somit stellt die konstante Liquidität des Unternehmens eine Schlüsselgröße für das Rating dar. Liquidität entscheidet darüber, ob den anstehenden Verbindlichkeiten, zu denen z. B. auch die Zahlung der künftigen Annuitäten an das Kreditinstitut gehört, vereinbarungsgemäß nachgekommen werden kann.[108] Für die Erhaltung der eigenen Liquidität ist ein Kreditrisiko- und Forderungsmanagement vonnöten, welches in späteren Kapiteln näher erläutert wird. Ein

---

[105] Vgl. Strauß, M. (2008), S. 47.
[106] Vgl. Börner, C. J. / Ruwwe, T. (2007), S. 59 f.
[107] Vgl. Füser, K. / Heidusch, M. (2002), S 54 ff.
[108] Vgl. Blanke, W. (2003), S. 314.

Unternehmen, wird erst im Falle mangelnder Liquidität eine innere Rangfolge aufstellen, nach der es die Verbindlichkeiten gegenüber Lieferanten oder Gläubigern bedient.

3.5 Der Jahresabschluss im bankinternen Rating

Wie bereits dargestellt, ist ein Bestandteil des bankinternen Ratings die Jahresabschlussanalyse, in welche die Jahresabschlüsse der letzen Jahre eingehen. Aus dem Jahresabschluss werden ausgewählte Kennzahlen errechnet. Die errechneten Kennzahlen werden wiederum bei der Diskriminanzanalyse mit den Kennzahlwerten von anderen Unternehmen aus der gleichen Branche verglichen, um damit eine Ausfallwahrscheinlichkeit des bewerteten Unternehmens zu prognostizieren. Zu den ausgewählten Kennzahlen zählt z. B. die Eigenkapitalquote in Abhängigkeit zum Kapitalbedarf. Eine Eigenkapitalquote von 50 %, die in Zahlen ausgedrückt 500.000,00 € entspricht, ist sehr hoch, wenn das Unternehmen einen Kapitalbedarf von 100.000,00 € anmeldet. Sollte der Kapitalbedarf aber ungleich höher sein, z. B. 2,5 Mio. €, so ist die derzeitige Eigenkapitalquote von 50 %, als auch die künftige Eigenkapitalquote von 14,29 % bei einem zukünftigen Gesamtkapital von 3,5 Mio. € als gering einzuschätzen.[109] Eine besonders wichtige Kennzahl ist die Quote der flüssigen Mittel und die damit verbundene Liquidität, da die Liquidität über die stete Zahlungsfähigkeit des Unternehmens bestimmt und somit auch, ob ein Unternehmen seinen Verbindlichkeiten vereinbarungsgemäß nachkommen kann. Ein weiterer positiver Nebeneffekt von vorhandener Liquidität, ist die Möglichkeit anstehende Verbindlichkeiten, falls angeboten, unter Ausnutzung des Skonto zu begleichen, um damit Skontoerträge zu generieren.[110] Es werden drei Liquiditätsgrade unterschieden. Für die Berechnung werden die Summen der jeweilig ausgewählten Aktiva der ersten beiden Liquiditätsgrade ins Verhältnis zu den kurzfristigen Verbindlichkeiten gesetzt. Die Liquidität ersten Grades beinhaltet nur die liquiden Mittel, bestehend aus dem Barvermögen und dem Bank- bzw. Girovermögen. Bei der Liquidität zweiten Grades kommen die Forderungen aus Lieferungen und Leistungen hinzu. Bei der Liquidität dritten Grades wird das gesamte Umlaufvermögen ins Verhältnis zu den kurz- und mittelfristigen Verbindlichkeiten gesetzt.[111] Die liquiden Mittel und Warenbestände, ergo das Umlaufvermögen eines Unternehmens kann nur durch die

---

[109] Vgl. Blanke, W. (2003), S. 312 ff.
[110] Vgl. Beinert, C. / Bietke, D. / Henne, A. (2003), S. 242.
[111] Vgl. Kuhn, W. / Strecker, K. A. (2008), S. 85.

Begleichung ausstehender Forderungen durch die Kunden erwirtschaftet werden. Ein hoher Bestand an ausstehenden und bereits fälligen Forderungen wird in der Diskriminanzanalyse negativ bewertet. Diese Art von Forderungen beschränken die liquiden Mittel des zu bewertenden Unternehmens, die es zur vereinbarten Begleichung der Verbindlichkeiten benötigt. Bei andauernd angespannter und mangelnder Liquidität besteht perspektivisch die Gefahr einer Insolvenz.[112] Ein professionelles Kreditrisiko- und Forderungsmanagement kann dem Unternehmen helfen, aus allen Aufträgen die erwarteten Umsätze zu generieren. Der Jahresabschluss mit den daraus ermittelten Kennzahlen hat insgesamt eine sehr große Bedeutung im Rahmen des bankinternen Ratings, da dessen Ergebnis hauptsächlich für die Annahme des Kreditantrages sowie die Kreditkonditionen des Unternehmens verantwortlich ist.[113]

3.6 Zwischenfazit und Ausblick auf Basel III

Im zweiten Kapitel wurde das KMU-Segment qualitativ und quantitativ von der übrigen Wirtschaft in Deutschland abgegrenzt. Außerdem wurde die hohe wirtschaftliche Bedeutung dieses Segments in Verbindung mit seinen typischen Stärken und Schwächen erarbeitet. Das dritte Kapitel beschäftigt sich mit dem zweiten Eigenkapitalakkord BASEL II. Hierbei wurden die Methoden und Neuerungen in der Praxis der Kreditvergabe an Unternehmen unter Wirken von BASEL II erläutert. Ein Schwerpunkt wurde auf die mit Eigenkapital zu unterlegenden Risiken der Kreditinstitute sowie auf die Bedeutungen des Jahresabschlusses und den damit verbundenen Analysen gelegt, deren Ergebnis sich wiederum in den Kreditkonditionen von Unternehmenskrediten widerspiegeln. Zudem wurden die Veränderungen bei den Kreditkosten für KMU, die sich durch die Richtlinien von BASEL II ergeben haben, herausgearbeitet. Obwohl die BASEL II-Richtlinien eine bessere Steuerung und Messung der Kreditrisiken gewährleisten sollten, konnten sie dennoch nicht die Finanzkrise, die 2007 ihren Anfang nahm, verhindern. Der Baseler Ausschuss für Bankenaufsicht, der aus den Notenbankchefs von insgesamt 27 Ländern besteht, hat am 12. September 2010 die überarbeiteten Eigenkapitalrichtlinien für Kreditinstitute unter dem Namen BASEL III beschlossen. Im Wesentlichen wurden die bestehenden Eigenkapitallinien verschärft. Die sukzessive Umsetzung von BASEL III wurde im November 2010 in Seoul auf

---

[112] Vgl. Heesen, B. / Gruber, W. (2008), S. 80.
[113] Vgl. Wildemann, H. (2005), S. 233 ff.

dem G20-Gipfel von den Regierungen der teilnehmenden Staaten verabschiedet. Die verschärften BASEL III-Richtlinien beinhalten u. a. eine schrittweise Erhöhung des harten Kernkapitals. Zum harten Kernkapital zählen die institutseigenen Aktien sowie dessen einbehaltene Gewinne. Stille Einlagen, die nur im Insolvenzfall zur Haftung herangezogen werden können gelten unter BASEL III lediglich als weiches Kernkapital. Hierbei existiert eine Ausnahme für Landes- und Genossenschafts-banken sowie für die Sparkassen. Bei diesen dürfen stille Einlagen auch weiterhin zum harten Kernkapital gezählt werden. Das vorzuhaltende Eigenkapital für herausgegebene Risikoaktiva eines Kreditinstituts bestand unter BASEL II nur zu vier Prozent aus Kernkapital, davon mussten lediglich zwei Prozent aus hartem Kernkapital bestehen. Die BASEL III-Richtlinien sehen bis 2018 eine sukzessive Erhöhung der Kernkapitalquote auf insgesamt sechs Prozent vor. Hiervon sollen viereinhalb Prozent durch hartes Kernkapital sowie eineinhalb Prozent durch weiches Kernkapital erbracht werden. Des Weiteren sieht BASEL III die Bildung eines gesonderten Kapitalerhaltungspuffers ab dem Jahre 2016 vor, der bis zum Jahre 2019 in jährlichen 0,625 %-Schritten auf insgesamt zweieinhalb Prozent ansteigen soll. Der angestrebte Satz von zweieinhalb Prozent für den Kapitalerhaltungspuffer darf allerdings in Krisenzeiten von Kreditinstituten zur Bewahrung der Liquidität unterschritten werden, schließlich soll er ja gerade dabei helfen, unerwartete Verluste des Kreditinstituts in Krisenzeiten abzufedern. Laut BASEL III-Richtlinien muss der Kapitalerhaltungspuffer ebenfalls aus hartem Kernkapital bestehen. Das Ergänzungskapital ist neben dem Kernkapital der zweite Teil des hEK und soll zwei Prozent betragen. Es besteht aus mittel- und langfristigen nachrangigen Verbindlichkeiten, außerdem sog. Genussrechtsverbindlichkeiten, steuerfreien Rücklagen, Haftsummenzuschlägen sowie den Vorsorgereserven für die allgemeinen Bankrisiken eines Kreditinstituts.[114] Unter BASEL III wird die gesamte Eigenmittelunterlegung, ohne den Kapitalerhaltungspuffer, weiterhin die von BASEL II bereits bekannten acht Prozent betragen. Von diesen acht Prozent an Eigenmittelunterlegung würden dann ab dem Jahre 2019 bei normalem Marktgeschehen, also unter Bildung des vollständigen Kapitalerhaltungspuffers, sieben Prozent aus hartem Kernkapital und lediglich ein Prozent z B. aus weichem Kern-kapital bestehen. Falls in Krisenzeiten der Kapitalerhaltungspuffer einmal nicht den gebotenen zweieinhalb Prozent entspricht, kann die fehlende Differenz sowohl mit weichem Kernkapital, als auch mit Ergänzungskapital aufgefüllt werden. Außerdem besteht für manche Staaten die Möglichkeit, neben dem eigentlichen

---

[114] Vgl. Übelhör, M. / Warns, C. (2004), S. 17.

Kapitalerhaltungspuffer, einen weiteren antizyklischen Kapitalpuffer von bis zu zweieinhalb Prozent für Risiken einzuführen. Die Gesamtkapitalquote dieser Kreditinstitute könnte theoretisch bis zu dreizehn Prozent betragen.[115] Somit müssen die Kreditinstitute sehr viel Kapital zur Aufbringung dieser Quoten ansparen. Die sukzessive Erhöhung der Kernkapitalquote soll den Kreditinstituten die Möglichkeit geben, im Zeitablauf Kapital zur Umsetzung der verschärften Eigenkapitalrichtlinien anzusparen, ohne dass es sich direkt auf die Kreditvergabe an Unternehmen auswirkt.

Tabelle 4: Sukzessive Anpassung der Mindestkapitalquoten:

Jahr	Hartes Kernkapital in %	Hartes Kernkapital inkl. Kapitalerhaltungspuffer in %	Gesamtes Kernkapital in %	Ergänzungskapital in %	Gesamtkapital in %
2013	3,5	3,5	4,5	3,5	8,0
2014	4,0	4,0	5,5	2,5	8,0
2015	4,5	4,5	6,0	2,0	8,0
2016	4,5	5,125	6,625	2,0	8,625
2017	4,5	5,75	7,25	2,0	9,25
2018	4,5	6,375	7,875	2,0	9,875
2019	4,5	7,0	8,5	2,0	10,5

Quelle: Deutsche Bundesbank, online am 18. Dezember 2010 im www unter URL: http://www.bundesbank.de/ download/presse/pressenotizen/2010/20100913.mindestkapitalanforderungen_anlage.pdf, eigene Darstellung.

Insbesondere Kreditinstitute in Form von Aktiengesellschaften, deren stille Einlagen nicht mehr zum harten Kernkapital zählen, müssen sich gute Kapitalbeschaffungsmaßnahmen überlegen. Zusätzlich ist eine Leverage Ratio von drei Prozent im Gespräch, also eine Obergrenze für herausgegebene Kredite, abhängig vom jeweiligen Eigenkapital. Eine Leverage Ratio von drei Prozent bedeutet, dass ein Kreditinstitut das 33-fache des Eigenkapitals an risikogewichteten Aktiva herausgeben kann. Es ist also das Verhältnis des Eigenkapitals zu den herausgegebenen Aktiva. Diese Kennzahl soll bis 2018 vorerst nur als eine transparente Beobachtungskennzahl gelten, ab 2018 ist die Einhaltung dieser Leverage Ratio von drei Prozent vorgeschrieben. Diese Form der Quotierung, die Leverage Ratio, gibt nur Auskunft über das Verhältnis von Eigenkapital zu herausgegebenen Risikoaktiva, die Wertigkeit der Risiken werden dabei nicht berücksichtigt. Ein möglicher Nachteil, der sich

---

[115] Vgl. Bundesministerium für Finanzen, online am 20. Dezember 2010 im www unter URL:
  http://www.bundesfinanzministerium.de/nn_53848/DE/Wirtschaft__und__Verwaltung/Geld__und__Kredit/ Kapitalmarktpolitik/20100917-Basel3.html?__nnn=true.

aus solch einer Vorschrift ergeben könnte, wäre die Erzeugung von falschen Anreizen zur Annahme von risiko- und damit margenträchtigeren Geschäften seitens der Kreditinstitute. Dabei könnten hochvolumige risiko- und margenärmere Geschäfte verhindert werden, an deren stattdessen kleinere risiko- und margenreichere Geschäfte getätigt werden. Eine mögliche Folge der BASEL III-Richtlinien könnte eine Kreditverknappung im Mittelstand sein, da die Kreditinstitute versuchen werden, jene Risiken, die mit Eigenkapital zu unterlegen sind, zu reduzieren. Um diese Risiken zur reduzieren, müsste der Mittelstand über mehr Sicherheiten verfügen oder eine gute Eigenkapitalausstattung vorweisen können.[116] Zusätzlich könnte es jetzt nach BASEL II zu einer weiteren Verteuerung der Kreditkonditionen kommen. Diese Verteuerung wird vom erhöhten Kapital- und Liquiditätsbedarf der Kreditinstitute zur Erfüllung der neuen BASEL III-Richtlinien vorangetrieben. Hiervon wären insbesondere Unternehmen, die nur über geringe Sicherheiten und eine übersichtliche Eigenkapitalstruktur verfügen betroffen. Diese Unternehmen, die diese derartigen Parameter aufweisen, sind wiederum vermehrt im KMU-Segment angesiedelt. Die Finanzierung solcher Unternehmen gehört aufgrund der geringen Bonität und den damit verbundenen Risikozinszuschlägen zu den oben genannten margen- und risikoträchtigen Geschäften. Zur Erreichung der sukzessive steigenden vorgeschriebenen Eigen- und Kernkapitalquoten müssen somit bei den Kreditinstituten auch genügend Gewinne erzielt werden, um diese zum Zweck der Kapitalerhöhung, im Anschluss einzubehalten. Jochen Sanio, Präsident der BAFin, sagte in einem Interview mit der Börsen-Zeitung, dass BASEL III u. U. eine Kreditklemme, bspw. in Form von Kreditrationierungen im Neukreditgeschäft für die Art von Kreditinstituten berge, die nicht über die Möglichkeit verfügen, sich mit frischem Kapital am Kapitalmarkt zu versorgen oder ausreichende Rücklagen aus einbehaltenen Gewinnen zu bilden. Für die letztere Art von Kreditinstituten, die viele ertragsschwache Geschäfte tätigen und somit Schwierigkeiten bei der Rücklagenbildung haben, sei die lange Übergangsfrist besonders wichtig.[117] Gemeinhin fordern alle Kreditinstitute, dass ein kreditfinanziertes Unternehmen eine gewisse Form von Risiko- insbesondere Kreditrisikomanagement im Unternehmen etabliert. Insbesondere KMU, die durchschnittlich eine geringe Eigenkapitalquote haben, arbeiten eng mit Kreditinstituten zusammen und sind fremdkapitalfinanziert. Das geliehene Kapital aus dem Betriebs-

---

[116] Vgl. Bundesverband Deutscher Banken, online am 21. Dezember 2010, online im www unter URL: http://www.bankenverband.de/themen/fachinformationen/mittelstandspolitik/welche-auswirkungen-hat-basel-iii-auf-den-mittelstand/?searchterm=BASEL%20III.
[117] Vgl. Sanio, J. (2010), S. 6.

mittelkredit oder der eingeräumten Kontokorrentlinie soll nicht ohne Sicherheitsbarriere an Kunden in Form von Waren oder Dienstleistungen weitergereicht werden. Schließlich wurden die Ausfallrisiken des betreffenden Kreditnehmers, vor der Kreditgewährung, im Rahmen der Kreditwürdigkeitsprüfung, durch das Kreditinstitut sehr genau untersucht. Abhängig vom Ergebnis dieser Kreditwürdigkeitsprüfung wurde erst entschieden, ob, in welcher Höhe und zu welchen Konditionen dem Unternehmen ein Kredit gewährt wird. Das vierte Kapitel wird sich dem Risikomanagement in KMU-Segment widmen, mit dem Schwerpunkt Kreditrisikomanagement. Dieses ist nicht nur für kreditfinanzierte Unternehmen zur Reduzierung ihrer Forderungsausfallrisiken und zur Erhaltung der eigenen Liquidität, sondern indirekt auch für die Kapitalgeber, wie bspw. Kreditinstitute wichtig. Schließlich ist der Eingang von Geldern aus soliden Forderungen gegenüber solventen Kunden und die daraus resultierende Liquidität für das Unternehmen zur Begleichung aller Verbindlichkeiten, wozu neben Lieferanten-verbindlichkeiten auch die Bankverbindlichkeiten gehören, verantwortlich. Das Kreditrisikomanagement im kreditfinanzierten Unternehmen sorgt somit indirekt auch für mehr Liquidität bei den Kapitalgebern, wie z. B. Kreditinstituten, an der vereinbarungs-gemäßen Rückzahlung der Unternehmenskredite partizipieren.

4 Risikomanagement im KMU-Segment

Das Risikomanagement oder auch Risk Management befasst sich mit dem Analysieren, Steuern und Überwachen von Unternehmensrisiken. Häufig wird es im allgemeinen Verständnis nur von Kreditinstituten bzw. Banken praktiziert, womit vor allem das Kreditrisikomanagement gemeint ist.[118] Neben dem Kreditrisiko, welches den Schwerpunkt dieses Kapitels bildet, existieren noch weitere Unternehmensrisiken, die analysiert, gesteuert und überwacht werden müssen. Diese werden in den folgenden Unterkapiteln ebenfalls kurz erläutert. Jedem analysierten Risiko muss eine geeignete und umsetzbare Risikostrategie des Unternehmens entgegenstehen. Walter Scheel (Altbundespräsident) sagte einmal: "Nichts geschieht ohne Risiko, aber ohne Risiko geschieht auch nichts."

4.1 Risikodefinition

Die Definitionen zum Risikobegriff sind in der Literatur vielseitig und abhängig vom jeweiligen gewählten Schwerpunkt der Thematik. Grundsätzlich wird das Risiko als die Wahrscheinlichkeit angesehen, dass ein zukünftiges Ereignis eintreten könnte, welches sich negativ auf das Unternehmen auswirkt. Dies umfasst auch positive Ereignisse, die trotz Erwartung nicht eingetreten sind, da beide Spielarten im Resultat eine negative Wirkung auf das Unternehmen haben würden. Somit wird der Risikobegriff generell als eine negative Abweichung vom Erwartungswert, mit einer damit verbundenen negativen Auswirkung für das Unternehmen, verstanden. Neben einer negativen Abweichung, kann es auch zu einer positiven Abweichung vom erwarteten Wert kommen. Der Eintritt eines positiven zukünftigen Ereignisses, welches sich auch positiv auf das Unternehmensergebnis auswirkt, wird allerdings nicht als Risiko, sondern gemeinhin als Chance bezeichnet. Beim Risikogedanken wird die alleinige Betrachtung der negativen Abweichungen als reines Risiko bezeichnet.[119] Wenn bei der Betrachtung nicht nur die negativen, sondern auch die positiven Abweichungen vom Erwartungswert mitbewertet werden, wird dies als spekulatives Risiko bezeichnet.[120] Auch im Gesetz zur Kontrolle und Transparenz im Unternehmens-bereich (KonTraG), wurde eine Definition zum Risikobegriff beschrieben, die aber aufgrund

---

[118] Vgl. Falkenstein, I. A. (2005), S. 18 f.
[119] Vgl. Arens, M. (2007), S. 45.
[120] Vgl. Gleißner, W. / Wolfrum, M. (2001), S. 150 f.

der hier betrachteten Zielgruppe, vernachlässigt werden kann. Viele der neuen Regelungen aus dem KonTraG gelten nur für die Rechtsform der Aktiengesellschaft (AG). Hierzu zählt bspw. die Vorschrift, dass in einer AG ein Risikomanagementsystems (RMS) vorhanden sein muss.[121] Die Rechtsform AG ist im KMU-Segment nur in geringer Anzahl vertreten, daher werden die Regelungen aus dem KonTraG nicht Inhalt dieses Kapitels sein.

4.2 Unternehmensrisikoarten

Um Risiken analysieren, messen und steuern, also managen zu können, müssen die Risiken erst in verschiedene Arten eingruppiert werden. Risiken werden zuerst in natur- und wirtschaftswissenschaftliche Risiken unterteilt. Die wirtschaftswissenschaftlichen Risiken bestehen aus volks- und betriebswirtschaftlichen Risiken. Zu den betriebswirtschaftlichen Risiken gehören die finanz- und leistungswirtschaftlichen Risiken. Die finanzwirtschaftlichen Risiken umfassen die Markt-, Kredit- und Liquiditätsrisiken. Zu den leistungswirtschaftlichen Risiken gehören die Betriebs-, Beschaffungs- und Absatzrisiken. Die beiden betriebs-wirtschaftlichen Risikoarten korrelieren miteinander und lassen sich z. T. schwer voneinander abgrenzen, da sie einander bedingen.[122]

4.2.1 Finanzwirtschaftliche Risiken

Die Steuerung der finanzwirtschaftlichen Risiken sowie Leistungen ist für KMU besonders wichtig, da die finanzwirtschaftlichen Faktoren einen großen Anteil des bankinternen Ratings nach IRB-Ansatz bilden und somit einen erheblichen Einfluss auf die Bonität des Unternehmens haben. Die Bonität des betreffenden Unter-nehmens ist wiederum für Kreditverhandlungen und bei Zusage einer Kreditlinie für die Kreditkonditionen maßgeblich.

4.2.1.1 Marktrisiken im KMU-Segment

Mit dem Begriff Marktrisiko ist im Zusammenhang mit KMU, anders als bei Kreditinstituten, nicht nur der Kapitalmarkt gemeint. Das Marktrisiko für ein beliebig ausgewähltes Unternehmen wird stets durch den Markt bestimmt, auf dem es sich bewegt. Da ein Kreditinstitut hauptsächlich auf dem Kapitalmarkt agiert, besteht auch dessen Marktrisiko

---

[121] Vgl. Bär, M. (2002), S. 37 f.
[122] Vgl. Wolke, T. (2008), S. 6 f.

vorwiegend aus Kapitalmarktrisiken.[123] KMU sind hingegen in nahezu jeder Branche vorhanden. Der Markt dieser Unternehmen wird meist regional durch die Kunden, Lieferanten, Wettbewerber und den Gesetzgeber bestimmt. Dieser allgemeine Markt und die damit einhergehenden Risiken könnten zum Teil mit Hilfe des Five-Forces-Modell's von Michael E. Porter veranschaulicht werden. Das Five-Forces-Modell wird eigentlich im Rahmen der Branchenstrukturanalyse zur Formulierung einer Wettbewerbsstrategie genutzt.[124] Dennoch zeigt die analysierte Branchenstruktur auch die branchentypischen Marktrisiken eines Unternehmens auf. Manche dieser Marktrisiken können sich direkt auf die leistungswirtschaftlichen Faktoren und Risiken auswirken. Einige Rohstoffe könnten sich bspw. soweit verteuern, dass das betreffende Unternehmen gewisse Aufträge im Rahmen von öffentlichen Ausschreibungen nicht mehr erhält, da das reell kalkulierte Angebot für die Auftraggeber zu hoch ist. Ein Preisanstieg gehört in die Klasse der Preisrisiken, welche zusammen mit den Währungs- und Qualitätsrisiken die Bedarfsdeckungsrisiken bilden, die über die Beschaffungsrisiken zu den leistungswirtschaftlichen Risiken gehören.[125]

Abbildung 3: Das Fünf-Kräfte-Modell nach Porter

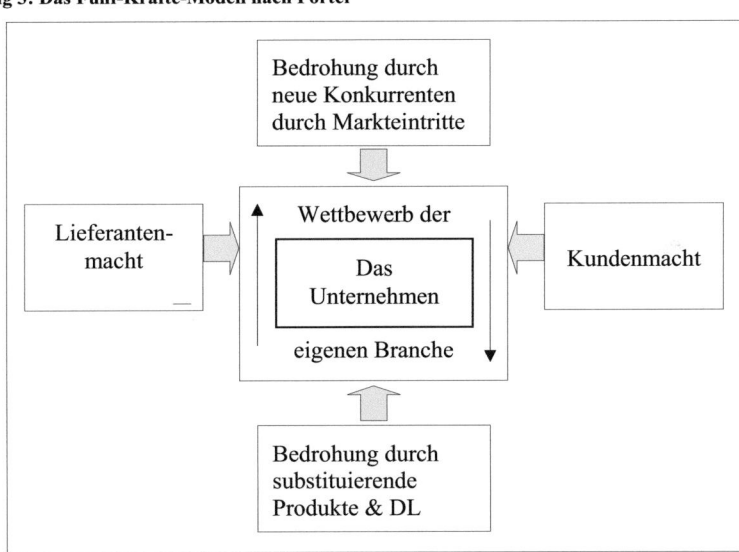

Quelle: Porter, Michael E. (2008), S. 3 f., eigene Darstellung.

---

[123] Vgl. Gleißner, W. (2001), S. 381 f.
[124] Vgl. Porter, Michael E. (2008), S. 2 ff.
[125] Vgl. Rogler, S. (2002), S. 37.

Ebenso wäre es für ein Unternehmen risikoträchtig, nur von wenigen Kunden abhängig zu sein, die sich ihrer Kundenmacht bewusst sind. Das Gleiche gilt für Branchen, mit niedrigen Markteintrittsbarrieren und einer hohen Anzahl an Mitbewerbern, ebenso wie für leicht zu substituierende Güter oder DL. Die Einzelbewertung, Klassifizierung und Veranschaulichung der identifizierten Marktrisiken kann z. B. über eine Risikomatrix erfolgen, in der die grobe Eintrittswahrscheinlichkeit und das ungefähre Schadenaus-maß das etwaige Risikopotenzial quantitativ bestimmen. Vor der Klassifizierung wurde bereits ein akzeptabler, sogenannter ALARP- (As Low As Reasonably Practicable)- und ein inakzeptabler Risikobereich festgelegt. Der ALARP-Risikobereich beschreibt das tolerierbare Risiko, welches soweit wie möglich reduziert werden sollte.[126] Der akute Handlungsbedarf besteht für alle Risiken des inakzeptablen Bereichs. Für die Risiken des vorgenannten ALARP-Risikobereichs besteht nur ein genereller Handlungsbedarf, wenn dieser im gesunden Verhältnis zur Risikoreduktion steht.

Abbildung 4: Der Risikograph

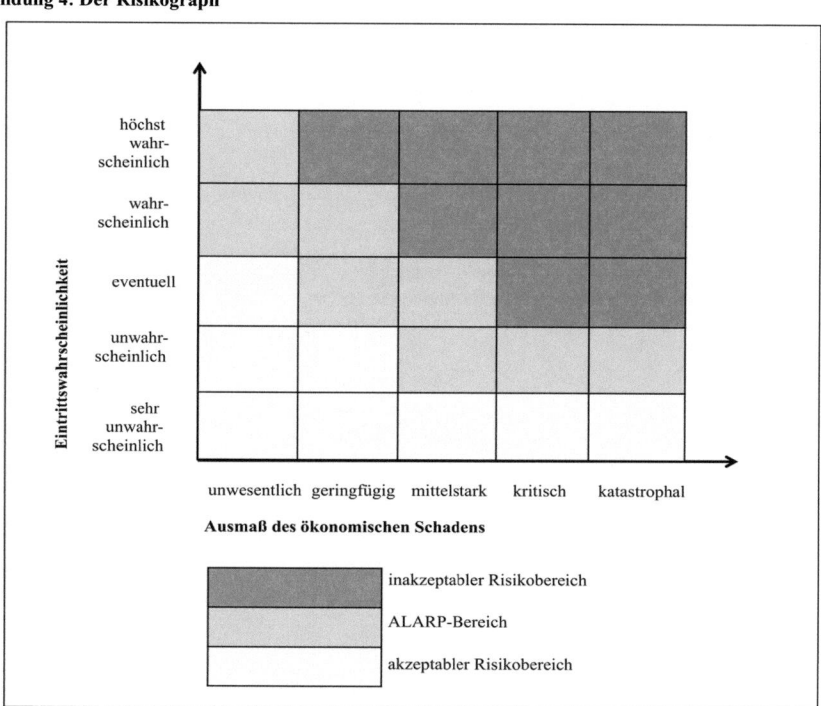

Quelle: Jänig, C. (2003), S. 335., eigene Darstellung.

---

[126] Vgl. Burtanshaw-Gunn, S. A. (2009), S. 77 f.

Außerdem ist es möglich, die Marktrisiken als Teil einer sog. SWOT-(strengths, weaknesses, opportunities and threats-) und PEST-(political, economical, social-cultural, techological) Analyse zu ermitteln[127], diese Methode eignet sich aufgrund der leichten Anwendbarkeit auch gut für kleine und mittlere Unternehmen. Der VaR ist für die Berechnung des Marktrisikos auch geeignet, der Einsatz ist im KMU-Segment aufgrund nicht vorhandener Daten schwierig und daher nicht sehr verbreitet.

4.2.1.2 Kreditrisiken im KMU-Segment

Das Kreditrisiko in einem Unternehmen, welches nicht zu den Kreditinstituten zählt, ist dem Kredit- bzw. Ausfallrisiko der Kreditinstitute sehr ähnlich. Es handelt sich dabei auch um den vollständigen oder partiellen Ausfall des Kreditnehmers. Der Kreditnehmer ist bzw. wird in diesem Fall der Kunde des jeweiligen Unternehmens durch einen Zielkauf, also durch die Gewährung eines Zahlungsziels.[128] Eine Rechnung mit Zahlungsziel stellt einen kurzfristigen Lieferantenkredit in Höhe der Rechnungssumme bis zur Fälligkeit der Rechnung dar.[129] Der Lieferantenkredit ist ein kurzfristiges Darlehen und beinhaltet dabei keine Auszahlung von Kapital, sondern die vorübergehende Stundung des zuvor vereinbarten Kaufpreises. Es ist ebenso möglich, dass ein Lieferantenkredit ohne Vertragsgrundlage oder vorherige Vereinbarung z. B. durch Zahlungsverzögerungen oder lediglich geleistete Teilzahlungen zustande kommen kann.[130] Im ursprünglichen Sinne war der Lieferantenkredit mit seinem Zahlungsziel dafür gedacht, dass die Ware während der Laufzeit des Lieferantenkredits abgesetzt und aus dem Erlös bezahlt werden kann.[131] Mittlerweile fungiert der Lieferantenkredit jedoch nicht mehr als reines Finanzierungsinstrument, sondern vielmehr als absatzpolitisches Mittel und wird oft als Zahlungsmodalität für viele Arten von Waren und Dienstleistungen angeboten.[132] Da das Kreditrisikomanagement im KMU-Segment im Vordergrund dieses Buches steht, werden die Verfahren und Lösungen zur Identifikation, Bewertung und Steuerung von Kreditausfallrisiken erst in den nachfolgenden Unterkapiteln näher erläutert.

---

[127] Vgl. Klandt, H. (2006), S. 220 f.
[128] Vgl. Busse, F.-J. (2003), S. 406.
[129] Vgl. Süchting, J. (1995), S. 185.
[130] Vgl. Welzel, K. (2009), S. 4.
[131] Vgl. Reichling, P. / Beinert, C. / Henne, A. (2005), S. 133 f.
[132] Vgl. Schäfer, H. (2002), S. 331 f.

4.2.1.3 Liquiditätsrisiken im KMU-Segment

Die Ausprägungen und Folgen der Liquiditätsrisiken von Unternehmen im KMU-Segment sind mit den Liquiditätsrisiken der Kreditinstitute vergleichbar. Es beschreibt auch hier den potenziellen finanziellen Schaden des Unternehmens, der durch die mangelnde Liquidität des Unternehmens und die damit einhergehende nicht vereinbarungsgemäße Begleichung von Verbindlichkeiten hervorgerufen werden kann.[133] Die Liquidität des Unternehmens wirkt sich daher direkt auf seine Zahlungsfähigkeit aus und kann sich damit indirekt auf die Zahlungswilligkeit auswirken.[134] Die angespannte, aber vorhandene Liquidität wird zur Begleichung von Verbindlichkeiten genutzt, welche aber einer subjektiven Reihenfolge des Unternehmens unterliegt.[135] Da Liquidität als die Fähigkeit verstanden wird, seinen Zahlungsverpflichtungen stets zum vereinbarten Zeitpunkt in vollem Umfang nachzukommen, bedeutet Liquidität somit auch das Vorhandensein von Kapital im Unternehmen, mit welchem z. B. Verbindlichkeiten beglichen werden. Die Bestimmung, Steuerung und Überwachung von Liquiditätsrisiken ist Aufgabe der Liquiditäts- und Finanzplanung. Der Liquiditäts- und Finanzplan ist eine Zeitraumrechnung, in welcher sowohl die erwarteten Zahlungs-zuflüsse, z. B. in Form von Zahlungseingängen aus beglichenen Forderungen, als auch die Zahlungsabflüsse des Unternehmens, bspw. in Form von zu bezahlenden Verbindlichkeiten einkalkuliert werden. Ein Finanz- und Liquiditätsplans hilft, Liquiditätseng-pässe rechtzeitig zu erkennen und die Risiken durch Intervention zu reduzieren.[136] Dies kann z. B. im Rahmen von Gesprächen mit den Lieferanten oder der Hausbank erfolgen, falls der Liquiditätsplan bspw. ergibt, dass es am Quartalsende zu einem Liquiditätseng-pass kommen könnte. Die rechtzeitige Intervention kann auch bei mangelnder Liquidität größere Schäden von dem Unternehmen abwenden. Vor allem für die Unternehmen des KMU-Segments ist eine solche Liquiditäts- und Finanzplanung wichtig, da diese Unternehmen im Durchschnitt über eine geringe Eigenkapitalausstattung verfügen und somit keine weiteren eigenen Mittel ins Unternehmen investieren können.[137] Das Fehlen von liquiden Mitteln und eine daraus entstehende Zahlungsunfähigkeit des Unternehmens hat die Insolvenz des betreffenden Unternehmens zur Folge.

---

[133] Vgl. Wolke, T. (2008), S. 184 ff.
[134] Vgl. Grunow, H.-W. G. / Figgener, S. (2006), S. 130 f.
[135] Vgl. Prümer, M. (2005), S. 61.
[136] Vgl. Korndörfer, W. (2003), S. 43 f.
[137] Vgl. Gabler, A. (2004), S. 391 f.

4.2.2 Leistungswirtschaftliche Risiken

In den Bereich der leistungswirtschaftlichen Risiken fallen alle Risiken, die sich mit den Prozessen, Systemen und Beteiligten des Geschäftsbetriebs, der Beschaffung und des Absatzes beschäftigen. Da die leistungswirtschaftlichen Faktoren eines Unternehmens für die finanzwirtschaftlichen Ergebnisse verantwortlich sind, ist die Identifikation, Steuerung und permanente Überwachung dieser Risiken auch für kleinere und mittlere Unternehmen sehr wichtig. Diese benötigen für Gespräche mit der Hausbank zur Gewährung, Verlängerung oder Erweiterung von Unternehmenskrediten gutes Zahlenmaterial, welches aus den leistungswirtschaftlichen Faktoren resultiert.

4.2.2.1 Betriebsrisiken im KMU-Segment

Der Begriff Betriebsrisiko beschreibt auch bei den KMU die potenzielle Gefahr eines Wertverlustes bzw. Schadens für das betreffende Unternehmen, der durch Fehler, Handlungen oder Ereignisse verursacht wird. In allen Bereichen eines Unternehmens in denen Prozesse, Systeme und Mitarbeiter existieren, treten Betriebsrisiken auf. Es wird grundsätzlich zwischen internen und externen Betriebsrisiken unterschieden. Zu den internen Betriebsrisiken zählen alle Risiken, die sich auf die unternehmensinternen Prozesse, Systeme und Personen beziehen, also Prozess-, System- und Personen-risiken.[138] Bei den Unternehmen des KMU-Segments sind die betrieblichen Prozesse, Systeme und auch Mitarbeiter zwar nicht so zahlreich und komplex wie bei einem Großunternehmen, dennoch können diese Risiken einen erheblichen Schaden verur-sachen.[139] Das Personenrisiko bezieht sich sowohl auf das Risiko, dass die Mitarbeiter Fehler in den Unternehmenssystemen, als auch am Kunden, z. B. in Form einer falschen Verkaufsberatung begehen. Der Diebstahl oder Betrug durch die eigenen Mitarbeiter gehört auch zu den Personenrisiken. Die Prozessrisiken beschreiben die Gefahr einer Unternehmensschädigung oder Betriebsstörung aufgrund fehlender, falscher oder unzureichender Prozesse. Die fehlende Kontrolle eines bestimmten Prozesses könnte bspw. dazu führen, dass ein Prozessfehler unentdeckt bleibt und weiterhin kontinuierlich falsch ausgeführt wird. Vollständige oder partielle Ausfälle von IT-Systemen, Anlagen und Programmen werden ebenso wie die Datensicherheit dem Feld der Systemrisiken zugerechnet.[140] Hierbei kann es zu einer Überlappung von Personen- und Systemrisiken

---

[138] Vgl. Wolke, T. (2008), S. 201.
[139] Vgl. Wolters, M. / Kaschny, M. (2010), S. 22.
[140] Vgl. Wolke, T. (2008), S. 211 f.

kommen. Die externen Betriebsrisiken unterliegen z. T. der höheren Gewalt, dazu zählen bspw. die Natur- und Rechtsrisiken des Unternehmens. Dies können bspw. Naturkatastrophen oder auch sich ändernde gesetzliche Rahmen-bedingungen sein. Zusätzlich zählen auch Gesetzesverstöße, wie Diebstahl, Betrug oder Raub von unternehmensnahen Parteien, wie bspw. Kunden, Lieferanten oder Wettbewerbern, zu den externen Betriebsrisiken. Die Messung von Betriebsrisiken ist nicht mittels historischer und öffentlich zugänglicher Daten möglich. Außerdem müssten aufgrund der unterschiedlichen Ausprägungen des Betriebsrisikos auch unterschiedliche Arten zur Messung herangezogen werden. Wie bei der Beurteilung von Marktrisiken, müssen auch für die verschiedenen Betriebsrisiken die Eintrittswahrscheinlichkeit, Eintrittshäufigkeit sowie der potenzielle Schaden ermittelt werden.[141] Es gibt verschiedene Ansätze zur Messung des Betriebsrisikos, dazu zählen verschiedene Scoring-Modelle für die SGF, der Vergleich innerhalb der eigenen Branche anhand der Finanzkennzahlen und weitere statistische Modellansätze.[142] Da ein Unternehmen des KMU-Segments sowohl über weniger Mitarbeiter, als auch aufgrund der geringeren Komplexität über weniger Prozesse und Systeme verfügt, ist das Betriebsrisiko eines KMU leichter mess- und steuerbar. Durch die im KMU-Segment häufig anzutreffende Vereinigung von Leitung, Haftung und Eigentum in der Person des Unternehmers hat dieser, anders als in Großunternehmen, auch die gesamte Prozess- und Risikosteuerung zu betreiben und zu verantworten.

4.2.2.2 Beschaffungsrisiken im KMU-Segment

In der Literatur gibt es für die Beschaffungsrisiken von Unternehmen zahlreiche Definitionen. Das Beschaffungsrisiko wird von Sylvia Rogler als die Gesamtheit aller potenziellen Gefahren verstanden, die bei der Beschaffung von sämtlichen materiellen oder immateriellen Inputfaktoren bis zur Verarbeitung auftreten können.[143] Ein erweiterter Ansatz von George A. Zsidisin sieht neben den reinen Beschaffungsrisiken und der im Zeitablauf daraus möglichen Folge, nicht produzieren zu können, zusätzlich die Konsequenz, Kundenaufträge nicht mehr bedienen zu können, was zu einer wachsenden Kundenunzufriedenheit führen kann.[144] Die Beschaffungsrisiken bestehen aus mehreren Einzelrisiken, die den gesamten Beschaffungsprozess bis zur Verarbeitung der Inputfaktoren abbilden. Hierzu gehören die

---

[141] Vgl. Wolke, T. (2008), S. 202 ff.
[142] Vgl. Buhr, R. (2000), S. 204.
[143] Vgl. Rogler, S. (2001), S. 214.
[144] Vgl. Zsidisin, G. A. (2003), S. 222.

Bedarfdeckungs-, Liefer-, Transport- und Lagerrisiken. Die Bedarfdeckungsrisiken beschreiben die Gefahr, dass die benötigten Inputfaktoren nicht mehr erhältlich sind oder nur zu erheblich höheren Preisen oder in verminderter Qualität am Markt bezogen werden können und bestehen wiederum aus verschiedenen Einzelrisiken, dazu zählen Preis-, Qualitäts- und Währungsrisiken. Zur Reduzierung dieser Bedarfdeckungsrisiken, kann ein Unter-nehmen für die an der Börse gehandelte Güter z. B. Warenterminkontrakte eingehen, um sich für einen späteren Zeitpunkt eine bestimmte Menge zu einem vorher bestimmten Preis zu sichern. Für Güter, die auf den regionalen und nationalen Märkten erhältlich sind, können z. B. in langfristig angelegten Verträgen mit den Lieferanten, Menge und Preise vereinbart werden.[145] Außerdem können Lieferrisiken entstehen, wenn es bei den am Markt bestellten Inputfaktoren zu einer Fehlleistung kommt, z. B. in Form von mangelnder Qualität, Lieferverzug oder unzureichender Liefermenge. Sollten die bereits georderten Inputfaktoren im Zuge des Liefer-prozesses beschädigt werden oder untergehen, wird dies den Transportrisiken zugerechnet. Unter den Lagerrisiken versteht man hingegen die Gefahr, dass die zuvor bestellten und bereits im Unternehmen eingelagerten Waren während der Einlagerungszeit bis zur Verarbeitung beschädigt, nicht mehr für den Produktionsprozess benötigt oder auch zu einem günstigeren Preis hätten erworben werden können. Zusätzlich kann es bei kleinen und mittleren Unternehmen, die nur mit einer mäßigen Bonität ausgestattet sind, dazu kommen, dass die bestellte Ware gänzlich im Voraus bezahlt oder zumindest eine Anzahlung geleistet werden muss. Bei Erstgeschäften mit Neukunden wird dies häufig praktiziert. Dies wird als Anzahlungsrisiko bezeichnet und ist das einzige finanzwirtschaftliche Risiko im Bereich der Beschaffung. Es besteht die Gefahr, dass die bereits angezahlte Ware nicht geliefert wird.[146] Zusätzlich müssen ausreichend liquide Mittel im Unternehmen vorhanden sein und laufend generiert werden, um den Anforderungen des Lieferanten hinsichtlich der Zahlungsweise nachkommen zu können. Die Beschaffungsrisiken bestehen ähnlich wie die Marktrisiken aus verschiedenen Einzelrisiken, deren potenzielle Gefahr von der Eintrittswahrscheinlichkeit und dem Schadenausmaß abhängt. Daher ist es möglich, die Bewertung von Beschaffungsrisiken mit Hilfe des Risikographen bzw. der Risikomatrix vorzunehmen, um damit das Gefahrenpotenzial eines Risikos zu bestimmen. Außerdem ist es, ähnlich wie in einem Kreditinstitut bei der Bewertung von Kreditportfolios, für manche Einzel-risiken des

---

[145] Vgl. Wolke, T. (2008), S. 219.
[146] Vgl. Rogler, S. (2002), S. 34 ff.

Beschaffungsrisikos, wie dem Preisrisiko, möglich, dass Risiko mittels VaR zu bestimmen.[147] Dies ist im KMU-Segment, analog zu der Bewertung von Markt-risiken mit dem VaR, zu aufwendig und aufgrund nicht existenter Daten nicht möglich.

4.2.2.3 Absatzrisiken im KMU-Segment

Ebenso wie bei den Beschaffungsrisiken finden sich auch bei den Absatzrisiken in der Literatur viele Definitionen. Sylvia Rogler definiert das Absatzrisiko als die Gesamtheit aller potenziellen Gefahren, die sich nach der Be- oder Verarbeitung von materiellen oder immateriellen Gütern in Form eines ökonomischen Verlustes niederschlagen können. Auch die Absatzrisiken setzen sich aus mehreren Einzelrisiken zusammen. Dabei ist zu unterscheiden, ob ein Unternehmen Auftrags- oder Lagerfertigung betreibt. Bei Unternehmen mit Auftragsfertigung können Erfüllungsrisiken auftreten, wenn z. B. bereits vom Kunden georderte Güter oder Dienstleistungen nicht mehr produziert bzw. zur Verfügung gestellt werden können. Wenn ein Unternehmen hingegen Lager-fertigung betreibt, bestehen Verkaufsrisiken, also die Gefahr, dass bereits hergestellte oder gekaufte Handelswaren bzw. Dienstleistungen nicht mehr am Markt abgesetzt, also verkauft werden können.[148] Neben dem Verkaufs- bzw. Verkaufsausfallrisiko, dass die gesamte Produktion betreffen kann, wird bei partiellen Verkaufsausfällen von mangelhaftem Absatz gesprochen. Die Gründe dieses mangelhaften Absatzes nominieren wiederum die verschiedenen Teilrisiken des Verkaufsrisikos. Hierzu zählen die Verkaufsqualitäts-, Verkaufsmengen-, Verkaufspreis- und Verkaufszeitrisiken.[149] Bei den Unternehmen, die Lagerfertigung betreiben, bestehen neben den Erfüllungs- und Verkaufsausfallrisiken auch Lagerrisiken, falls die hergestellten Güter oder Dienstleistungen bis zum geplanten Absatz im Lager untergehen oder durch Fahrlässigkeiten beschädigt werden. Hinzu kommen die Transportrisiken, welche die Gefahr der Beschädigung oder des Untergang der hergestellten Güter auf dem Lieferweg zum Kunden beschreiben. Außerdem kann es bei der Lieferung durch Unpässlichkeiten des Kunden zu einem Abnahmerisiko kommen, welches auch zu Verlusten führen kann. Vor allem im Bereich der Auftragsfertigung ist das ein Problem, da die speziell für den Kunden angefertigte und nicht abgenommene Ware womöglich nicht weiter veräußert werden kann. Des Weiteren können bei manchen Arten von Gütern Produkthaftungsrisiken auftreten, diese bergen durch mögliche Haftungs-ansprüche der Kunden die Gefahr von Verlusten. Die

---

[147] Vgl. Burger, A. / Buchhart, A. (2002), S. 121 f.
[148] Vgl. Rogler, S. (2001), S. 224 f.
[149] Vgl. Rogler, S. (2002), S. 240 ff.

Haftungsansprüche resultieren aus gesetzlichen Gewährleistungsfristen sowie den vom Verkäufer freiwillig gewährten Garantien auf Produkte oder Werke. Die Produkthaftungsrisiken beziehen sich nicht nur auf Fehlleistungen durch z. B. mängelbehaftete Produkte, sondern auch auf die Mängelfreiheit dieser Produkte innerhalb der Gewährleistungsfrist.[150] Für Unternehmen des KMU-Segments ist die Messung der gesamten Absatzrisiken relativ schwierig. Die Verkaufsrisiken können bspw. über den VaR gemessen werden, für die Berechnung des VaR bedarf es jedoch wiederum historischer Daten, die nur bei genauer Dokumentation im Unternehmen vorhanden wären.[151] Ein repräsentatives Ergebnis kann nur mit Hilfe einer großen Datenmenge erzielt werden, weshalb sich die Verkaufsrisiken, die mittels VaR berechnet wurden, erst mittel- oder langfristig zeigen würden. Als mögliche Ursachen für die Absatzrisiken kommen z. B. sich im Zeitablauf verändernde Anforderungen der Kunden an die Produkte oder auch ein großes Feld von Wettbewerbern in Frage. Auch nicht erfüllte Kundenwünsche, hohe Reklamationsraten und fehlendes Marketing können Absatzrisiken bergen.[152]

4.3 Risikomanagement als Strategie

Bevor in einem Unternehmen gewisse Prozesse als Teil des Risikomanagements implementiert und angewandt werden, muss zuerst eine Risikostrategie als Teil der Unternehmensstrategie formuliert werden. Die Risikostrategie soll die Risiken aus der Umsetzung der restlichen Unternehmensstrategie verhindern.[153] Die Risikostrategie wird durch die Unternehmensleitung formuliert und orientiert sich an der gesamten risikopolitischen Ausrichtung des Unternehmens. Für verschiedene Teil- oder Einzelrisiken müssen Teilstrategien formuliert werden, da bspw. die Strategie zum Umgang mit operationellen Risiken von der Strategie zum Umgang mit Marktrisiken abweicht.[154] Die Formulierung einer Risikostrategie bedeutet nicht, eine Taktik zur kompletten Risikovermeidung aufzubauen und mittels geeigneter Prozesse umzusetzen. Eine Risikostrategie ist vielmehr eine Reihe aus Grundsätzen, wie mit gewissen Risiken, denen

---

[150] Vgl. Rogler, S. (2001), S. 225.
[151] Vgl. Wolke, T. (2008), S. 222 ff.
[152] Vgl. Fiedler, A. (2008), S. 100.
[153] Vgl. Junginger, M. (2005), S. 199.
[154] Vgl. Bellavite-Höverdamm, Y. (2009), S. 25.

gewisse quantifizierbare Ertragschancen gegenüberstehen, umzugehen ist.[155] Außerdem beinhaltet eine Risikostrategie eine Aussage über die Risikotrag-fähigkeit des Unternehmens. Die Risikotragfähigkeit des Unternehmens gibt darüber Aufschluss, dass ein Unternehmen in der Lage ist, die Verluste aus eingegangenen Risiken zu übernehmen, ohne dabei aufgrund von Liquiditätsengpässen Insolvenz anmelden zu müssen. Es muss somit neben den Ertragschancen aus eingegangen Risiken auch eine Haftungsmasse für die Gefahr des Verlustes vorhanden sein. Eine Aussage zur Risikotragfähigkeit eines Unternehmens impliziert sowohl die Kenntnis sämtlicher Unternehmensrisiken, inklusive aller potenziellen Verluste und der dafür benötigten Haftungsmasse, als auch die Existenz eines Risikomanagements. Dieses muss die Unternehmensrisiken, als Grundsatz aus der Risikostrategie, analysieren, bewerten und steuern.[156] Zur Senkung von Eintritts-wahrscheinlichkeit und Schaden-ausmaß gibt es verschiedene Arten von Risikostrategien. Diese gliedern sich in Vermeidungs-, Akzeptanz-, Versicherungs-, Reduzierungs- und Übertragungsstrategien auf.[157] Für diese Risikostrategien bestehen wiederum vielfältige Maßnahmen, die zur Zielerreichung der jeweiligen Risikostrategie führen und über verschiedene Prozesse im Unternehmen implementiert werden können.

4.4 Kreditrisikomanagement im KMU-Segment

Das Kreditrisikomanagement in Unternehmen des KMU-Segments befasst sich mit der Analyse und Steuerung von Kreditausfallrisiken und ist damit ein Teil des Forderungsmanagements, dessen Kernziele die Vermeidung von Ausfallrisiken, die Reduzierung von Forderungsausfällen sowie die schnelle Realisierung von Forderungen aus eingegangenen Risiken sind.[158] Die vorliegende Studie wird das Kreditrisikomanagement, dass sich mit verschiedenen Maßnahmen zur Vermeidung von Forderungsausfällen beschäftigt, in diesem Kapitel gesondert betrachten. Bei KMU kommen diese Kredit- bzw. Forderungsausfallrisiken durch die Gewährung von unsicheren Zahlungsmodalitäten an die Kunden zustande (vgl. Kapitel 4.2.1.2 Kreditrisiken im KMU-Segment). Die verschiedenen Strategien zur Senkung der Eintrittswahrscheinlichkeit und des Schadenausmaßes sind auch auf die Ausfallrisiken anwendbar. Die Entscheidungsgrundlage für die Gewährung eines

---

[155] Vgl. Kliebe, H. (2004), S. 16.
[156] Vgl. Rittmann, M. (2009), S. 85.
[157] Vgl. Blasius, I. (2004), S. 67 f.
[158] Vgl. Kokalj, L. / Paffenholz, G. / Schröer, E. (2000), S. 7.

Kredits ist in kleinen und mittleren Unternehmen, ebenso wie in einem Kreditinstitut, die Bonität bzw. Ausfallwahrscheinlichkeit des potenziellen Kreditnehmers.[159] Der potenzielle Kredit-nehmer ist der Kunde des Unternehmens, der einen Auftrag in Form einer Warenbestellung oder einer Dienstleistung platziert. Es ist Aufgabe des Kreditrisiko-managements, eine von der Bonität des Kreditnehmers abhängige, geeignete Strategie zu formulieren und anzuwenden. Die jeweilige Strategie und die daraus abzuleitenden Maßnahmen und Prozesse ergeben sich aus der Eintrittswahrscheinlichkeit des Risikos und dem potenziellen Schadenausmaß. Die Eintrittswahrscheinlichkeit eines Forderungsausfalls ist mit der Ausfallwahrscheinlichkeit gleichzusetzen, die bspw. in einem Debitorenrating enthalten wäre.[160] Für den Umgang mit Ausfallrisiken stehen dem Kreditrisikomanagement mehrere Strategien zu Verfügung, deren entsprechende Maßnahmen sich neben der Ausfallwahrscheinlichkeit und dem potenziellen Schadenausmaß auch aus der Branche und den damit verbundenen Gepflogenheiten ergeben. Die Strategien zur Vermeidung, Reduzierung, Übertragung, Versicherung oder Akzeptanz von Ausfallrisiken werden durch gewisse Maßnahmen, wie z. B. den Einsatz von Informations-, Versicherungs- oder Finanzdienstleistern umgesetzt. Diese präventiv wirkenden Maßnahmen und Prozesse werden in den folgenden Unterkapiteln näher erläutert. Weitere Arten der Forderungsbesicherung, wie z. B. die unterschiedlichen Arten des Eigentumsvorbehalts und weitere branchen-abhängige Möglichkeiten, Ausfall-risiken abzusichern werden im Anschluss kurz erläutert. Das Kreditrisikomanagement ist für KMU besonders wichtig, da aufgrund des durchschnittlichen geringen Eigenkapitals bereits wenige Forderungsausfälle oder auch erheblich überschrittene Zahlungsziele die Existenz des Unternehmens bedrohen können. Falls bspw. bei einem Großauftrag der Kunde nicht zahlt, das Zahlungsziel des eigenen Lieferanten aber bereits überschritten ist und weitere Verbindlichkeiten in Kürze beglichen werden müssen, kann von einem Liquiditätsengpass gesprochen werden. Zudem ist eine angespannte Liquiditätslage, die sich evtl. bereits bonitätsverschlechternd ausgewirkt hat, keine optimale Ausgangsbasis für die Aufnahme neuen Kapitals bei einem Kreditinstitut (vgl. hierzu Kapitel 3.5 Bedeutungen des Jahresabschlusses für das bankinterne Rating). Daher sind Präventivmaßnahmen zur Reduzierung und Vermeidung von Ausfallrisiken notwenig.

---

[159] Vgl. Heyke, B. / Stahl, M. (2010), S. 39 f.
[160] Vgl. Lister, M. (2010), S. 60.

4.4.1 Debitorenrating – Die Bonität der Kunden

Das Debitorenrating basiert auf der Strategie Forderungsausfallrisiken zur reduzieren und zu akzeptieren. Im KMU-Segment werden diese Strategien z. B. durch die vorvertragliche Bonitätsprüfung von Geschäfts- und Privatkunden umgesetzt. Diese Präventionsmaßnahmen sollen die Entstehung von Ausfallrisiken verhindern bzw. durch die Kenntnis des Ausfallrisikos helfen, eine geeignete Entscheidung zu fällen. Hierbei dient, wie im STA unter BASEL II das Ratingergebnis einer externen Rating-Agentur als Entscheidungsgrundlage.[161] Das Bonitätsurteil der Rating-Agenturen, die nach außen hin als Wirtschaftsauskunftei (WA) auftreten, basiert nicht auf so umfangreichem Datenmaterial, wie es bei einem Unternehmens-rating im STA, einer als ECAI zugelassenen externen Rating-Agentur, der Fall wäre. Diese Form von Wirtschafts- bzw. Bonitätsauskünften dienen Kreditinstituten wiederum auch nicht als Entscheidungs-grundlage für eine Unternehmensfinanzierung. Diese würde eine genauere Analyse der jeweiligen leistungs- oder finanzwirtschaftlichen Unternehmensaspekte sowie weiterer wichtiger Daten erfordern. Die von einer WA ermittelte Bonität eines Unternehmens ergibt sich vielmehr aus allen relevanten Unternehmensdaten, die mit einer festen Gewichtung zu einem Bonitätsscore verdichtet und einer Risikoklasse zugeordnet werden. Zu den, für die Bonitätsermittlung, relevanten Unternehmensdaten gehören, abhängig vom jeweiligen WA, bspw. die Haftungs- und Vertretungsverhältnisse, das Unternehmensalter, Informationen zur Zahlungsweise, ein Abgleich mit dem Schuldnerverzeichnis sowie weitere geeignete Daten. Die Bonitätsauskünfte sollen lediglich eine Aussage über die derzeitige Finanzsituation und Zahlungsfähigkeit des Unternehmens treffen und möglichst auch die Zahlungswilligkeit aufgrund historischer Zahldaten bspw. aus einem Zahlungserfahrungspool mit in die Berechnung des Bonitätsurteils einbeziehen.[162] Hinter jeder ermittelten Bonität zu einem Unternehmen oder auch zu einer Privatperson steht immer eine gewisse statistische Ausfallwahrscheinlichkeit.[163] Das in Kauf nehmen einer Ausfallwahrscheinlichkeit geht immer mit der Akzeptanz von Risiken einher, unabhängig davon, wie gut das Bonitätsurteil ausfällt. Ein gutes Bonitätsurteil zu einem potenziellen Kunden verringert zwar das Risiko eines Forderungsausfalls, es schließt dieses aber nicht völlig aus. Das Ergebnis der Bonitätsprüfung sollte die Entscheidung, ob ein Lieferantenkredit gewährt wird, maßgeblich beeinflussen. Sollte die Bonitätsprüfung bei einem Neukunden bspw. ergeben, dass der

---

[161] Vgl. Füser, K. / Heidusch, M. (2002), S. 203 f.
[162] Vgl. Albrecht, M. / Hartmann-Wendels, T. / Wohl, P. (2008), S. 86 f.
[163] Vgl. Wolke, T. (2008), S. 191.

potenzielle Neukunde bereits insolvent ist oder eine Eidesstattliche Versicherung über die Vermögensverhältnisse (EV) abgeben musste, müssen die Zahlungsmodalitäten entsprechend angepasst werden. In diesem Beispiel wäre die Vorauskasse eine geeignete Maßnahme, um den Ausfall einer noch nicht entstandenen Forderung zu vermeiden.[164] Somit können über die bonitätsabhängig vergebenen Zahlungsmodalitäten, die Forderungsausfallrisiken gesteuert und reduziert werden. Die in der Rechnung oder auf dem Lieferschein genannten Zahlungsmodalitäten bestimmen darüber, wann und in welcher Form und Höhe der Käufer, die mit dem Verkäufer vereinbarte Rechnungssumme bezahlen muss.[165] Ein Unternehmen, das von seinen Kunden stets eine Vorauszahlung verlangt bzw. nur die Zahlungsweise der Vorauskasse anbietet, vermeidet einerseits sämtliche Forderungsausfallrisiken, andererseits könnte es zu Umsatzeinbrüchen kommen, falls diese Zahlungsweise nicht branchenüblich ist.[166] Damit wäre zwar das Ziel einer reinen Vermeidungsstrategie erreicht, die strikte Anwendung könnte sich jedoch negativ auf die Absatzziele auswirken. Eine vorvertragliche Bonitätsprüfung sollte vor allem bei Neukunden eingesetzt werden, um einen grundsätzlichen Eindruck von dem Unternehmen und seiner Bonität zu erhalten. Die mit einer Bonitätsprüfung verbundenen Kosten müssen dabei mit dem jeweiligen Auftragswert des Kunden im Einklang sein.[167] Somit ist der Auftragswert, unabhängig ob es sich dabei um Neu- oder Bestandskunden handelt, ein wichtiger Parameter zur Bestimmung, ob eine Bonitätsprüfung notwendig und ökonomisch sinnvoll ist. Intern können durch die Geschäftsführung Regelungen vorgegeben werden, die vorsehen, dass bei Neukunden und ab einen gewissen Auftragswert grundsätzlich eine Bonitäts-prüfung durchzuführen ist. Zusätzlich sind Bonitätsgrenzen für die Gewährung von Lieferantenkrediten in Abhängigkeit zum jeweiligen Auftragswert denkbar.[168] Die Wirtschaftsauskünfte der WA enthalten, neben einer reinen Aussage zur Bonität eines Unternehmens, noch weitere wichtige Daten. Dazu gehört z. B. die korrekte Firmierung des Kunden, die für die Fakturierung benötigt wird, die in dem Unternehmen vertretungsberechtigten Personen sowie den aktuellen juristischen Sitz. Zum Teil sind auch Informationen zur Historie der am Unternehmen beteiligten Personen existent, welche weitere Eindrücke vermitteln können, wenn bspw. ein Gesellschafter, auch Funktionen oder Beteiligungen an mehreren insolventen Unternehmen hält.[169] Der Einsatz

---

[164] Vgl. Salek, J. G. (2005), S. 23 f.
[165] Vgl. Jung, H. (2006), S. 779.
[166] Vgl. Büter, C. (2007), S. 275.
[167] Vgl. Füser, K. / Heidusch, M. (2002), S. 206.
[168] Vgl. Oppenländer, B. (2010), S. 15.
[169] Vgl. Donko, R. (2010), S. 163.

eines Debitorenratings verschafft dem Unternehmen ein klares Bild von den Strukturen und der Bonität eines Kunden. Die Forderungsausfälle können durch die bonitätsabhängige Anpassung der Zahlungsmodalitäten reduziert werden. Das gesamte Risiko verbleibt, bei Akzeptanz eines guten Bonitätsurteils und der Gewährung eines Zahlungsziels, dennoch im Unternehmen.

4.4.2 Die Forderungsausfallversicherung

Der Einsatz einer Forderungsausfall- bzw. Warenkreditversicherung (WKV) basiert größtenteils auf der Strategie, die versicherbaren Ausfallrisiken zu versichern. Dies ist über ein Versicherungsunternehmen (VU) möglich, welches bei guter Bonität des angefragten Kunden das sog. Delkredere- bzw. Ausfallrisiko eines Auftrages versichert und im Versicherungsfall einen gewissen Satz an den Versicherungsnehmer (VN) rückerstattet, dabei werden die Forderungen von dem VU nicht angekauft.[170] Es ist nicht in jeder Branche oder für jedes Unternehmen möglich, seine Forderungen zu versichern. Die Ursachen können z. B. in der bekanntermaßen zu geringen Bonität in der Abnehmerbranche, der zu geringen Forderungshöhe oder der Einredebehaftung der Forderungen begründet sein. Ein Online-Versandhandel mit einem reinen B2C-Geschäft und einer durchschnittlichen Forderungshöhe im niederen zweistelligen Bereich, ist ebenso wenig für den Einsatz einer klassischen WKV geeignet, wie ein Unternehmen des klassischen Bauhaupt- oder Baunebengewerbes, dessen Forderungen teilweise mit Einwänden bzw. Mängeln behaftet sind, was die Forderungen strittig und den Einsatz von Gutachtern und Gerichten unumgänglich macht. Es gibt mittlerweile einige Sonder-lösungen, die auf einer klassischen WKV basieren, aber noch weitere Versicherungen, wie z. B. eine Rechtschutzversicherung für den strittigen Teil der Forderungen beinhalten. Die durchschnittliche Forderungshöhe pro Kunde ist neben der Anfälligkeit für Mängel bzw. Kundeneinreden eine wichtige Größe bei der Frage, ob eine WKV und deren variable Kosten, zu denen z. B. die Prüfungsgebühr pro Limitanfrage gehört, ökonomisch sinnvoll ist. Die Prüfungsgebühren sind vom VU abhängig und liegen bei ca. 25,00-50,00 € pro Limitprüfung. Sind die variablen Kosten für die Versicherung von Forderungen so hoch, dass sie den Gewinn aus den einzelnen Aufträgen übersteigen, lohnt sich der Einsatz einer WKV nicht. Wie beim Einsatz eines Debitorenratings müssen auch die Kosten, die für die Versicherung des Risikos entstehen, mit den Ertrag- und Gewinnchancen

---

[170] Vgl. Baden, G.-U. (2006), S. 439.

des Auftrags im Einklang sein.[171] Eine WKV setzt als Grundlage für die Entscheidung, ob und falls ja, inwieweit ein Kunde und die damit verbundene Forderung versicherbar ist, eine Bonitätsprüfung bzw. Limitanfrage beim Kredit-versicherer voraus. Bei erfolgreicher Bonitätsprüfung eines potenziellen Kunden und Zusage eines Versicherungslimits durch das VU, kann der VN seinen Kunden die übliche bzw. gewünschte Zahlungsmodalität anbieten. Der VN muss für jeden neuen Kunden, für den ein Versicherungsschutz gewünscht wird, vor der Leistungserbringung eine Limitanfrage beim Kreditversicherer stellen, um Versicherungs-schutz für die zukünftige Forderung zu erlangen.[172] Bei Erteilung des Versicherungsschutzes für einen Kunden bzw. eine Forderung muss das VU im Falle einer unerwarteten Nichtzahlung oder des kompletten Ausfalls des Abnehmers durch Insolvenz, bei gleichzeitiger Einhaltung aller Obliegenheiten durch den VN, diesem gegenüber haften. Somit übernimmt eine WKV als Instrument des Risikomanagements, für den versicherten Anteil der Forderungen, auch das Forderungsmanagement. Das VU übernimmt sämtliche Maßnahmen, die den erhofften baldigen Eingang der überfälligen Forderung betreffen, von der ordentlichen Fakturierung und der Schadenmeldung des VN an das VU abgesehen. Das VU erstattet nach einer kurzen Frist von ca. drei bis fünf Monaten, zwischen 75-90 % des Bruttoschadens, der exakte Anteil ist stets vom jeweiligen Anbieter und der Police abhängig. Die restlichen 10-25 % der Forderung können als Eigenbeteiligung des Versicherungsfalls angesehen werden und verbleiben als Forderungsausfall im Unternehmen des VN. Der VN muss eine jährliche Versicherungsprämie zahlen, deren Höhe von der Branche-, In- und Auslandsumsätzen, der Vorschadensituation sowie der Abnehmerbranche und der gewünschten Jahreshöchst-entschädigungsleistung abhängig ist. Daneben fallen zusätzlich für Kunden- bzw. Limitanfragen die oben genannten Prüfungsgebühren an. Diese Kosten müssen indirekt zu den verbleibenden Forderausfällen addiert werden, um die vollständigen Kosten dieser Maßnahme abzubilden.[173] Wenn die Bonitätsprüfung eine nicht ausreichende Bonität des potenziellen Kunden ausweist oder ergibt, dass der VU-interne Kreditrahmen des angefragten Unternehmens, bereits abgefragt wurde, wird durch das VU kein Versicherungsschutz erteilt. Im Zweifelsfall weiß das Unternehmen nicht, welcher dieser Gründe dazu führte, dass ein beantragtes Kundenlimit vom VU nicht gewährt wurde. Wenn ein Unternehmen einen Kunden wie in diesem Beispiel bei dem VU nicht versichern kann, müsste der VN das Ausfallrisiko entweder selbst tragen oder durch eine Änderung der Zahlungsmodalitäten

---

[171] Vgl. Füser, K. / Heidusch, M. (2002), S. 206.
[172] Vgl. Führer, A. (2001), S. 14 f.
[173] Vgl. Wittchen, I. (1995), S. 219 f.

versuchen zu vermeiden oder zu reduzieren. Das Unternehmen könnte mit seinen Kunden z. B. anstatt des üblichen Lieferanten-kredits in Form eines Zahlungsziels nun die komplette Vorauszahlung oder eine höhere Anzahlung vereinbaren.[174] Wenn sich das Unternehmen dazu entschließt, das Risiko selbst zu tragen und ohne Versicherungsschutz einen Lieferantenkredit bzw. ein Zahlungsziel zu gewähren, sollte diese Entscheidung auf einer breiten Masse von Informationen basieren. Hierzu gehören neben den Bank- und Wirtschaftsauskünften auch Informationen aus Branchen-Netzwerken, Verbänden und Genossenschaften. Auch Kunden und Lieferanten können vielleicht wertvolle Informationen zu dessen Bonität bzw. Zahlungsverhalten liefern.

4.4.3 Factoring

Das Ziel der klassischen Zusammenarbeit mit einem Factoring-Unternehmen (FU) besteht nicht nur, wie bei einer WKV in der Versicherung bzw. Übernahme des Delkredererisikos. Darüber hinaus wird dem Unternehmen Liquidität, während der Laufzeit des Zahlungsziels, zur Verfügung gestellt. Außerdem bietet das Factoring eine Service-Komponente, in der das FM nach der Rechnungsstellung für den Factoring-Kunden (FaK) durch das FU übernommen wird.[175] Der Unterschied zu einer WKV besteht darin, dass das Ausfallrisiko nicht versichert, sondern durch den vollständigen Ankauf bzw. die Abtretung von Forderungen gewährleistet wird. Diese Forderungen werden wiederum von dem FU bei einem VU rückversichert.[176] Das Factoring basiert, hinsichtlich des Ausfallrisikos, auf einer Übertragungs-Strategie, indem die kompletten Ausfallrisiken durch den Forderungsverkauf auf das FU übergehen. Zudem gilt Factoring als Kreditsubstitut und stellt durch die Liquiditäts-Komponente eine Finanzierungsform für Forderungen dar.[177] Der FaK muss den Kundenstamm sowie jeden neuen Kunden beim FU anmelden, das FU tätigt daraufhin einer Limitanfrage bei dem Kreditrückversicherer und teilt dem FaK mit, ob und in welcher Höhe Forderungen zu dem jeweiligen Kunden angekauft werden. Innerhalb der, vom FU festgelegten Grenzen für die Kredithöhe der rückversicherbaren Kunden, ergeben sich aus üblichen Factoring-Verträgen gegenseitige Ankaufs- und Anbietungspflichten, wonach das FU sich dazu verpflichtet, die angebotenen Forderungen anzukaufen und der FaK, die entstehenden Forderungen zum Kauf

[174] Vgl. Mellinghausen, R. (2010), S. 199.
[175] Vgl. Bitz, M. / Stark, G. (2008), S. 78 f.
[176] Vgl. Wittchen, I. (1995), S. 240.
[177] Vgl. Wesel, M. A. (2010), S. 363.

anzubieten.[178] Die einzelnen Prozesse und Abläufe des Factoring ergeben sich aus der untenstehenden Abbildung.

Abbildung 5: Der Factoring-Kreislauf

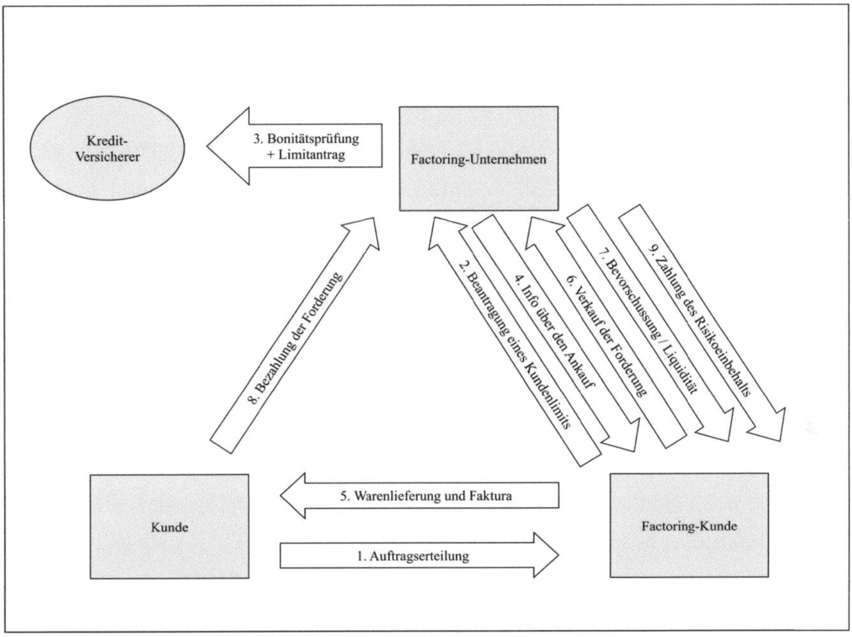

Kredit-Versicherer

3. Bonitätsprüfung + Limitantrag

Factoring-Unternehmen

8. Bezahlung der Forderung

2. Beantragung eines Kundenlimits

4. Info über den Ankauf

6. Verkauf der Forderung

7. Bevorschussung / Liquidität

9. Zahlung des Risikoeinbehalts

Kunde

5. Warenlieferung und Faktura

1. Auftragserteilung

Factoring-Kunde

In Anlehnung an: Hermann, J. (2006), S. 19., eigene Darstellung.

Abhängig vom jeweiligen FU und den Anforderungen des FaK werden ca. 80-90% der Forderung, direkt nach Rechnungsstellung und Verkauf der Forderung an das FU, an den FaK angewiesen.[179] Die Kosten für das Factoring ergeben sich aus den drei Factoring-Funktionen. Dazu gehören die Zinsen für die Bevorschussung mit Liquidität zu geringen banküblichen Kontokorrentzinssätzen, die Factoring-Gebühr für die Übernahme des Delkredererisikos sowie die Prüfungsgebühren für die Kunden bzw. Limitanfragen.[180] Das Factoring ist wie die WKV, nicht in allen Branchen möglich, je einredebehafteter die Forderungen und je spezieller die Produkte oder Dienstleistungen sind, desto weniger eignen sie sich für den Verkauf an ein

---

[178] Vgl. Ahrweiler, S. / Börner, C. J. (2003), S. 35.
[179] Vgl. Harms, H. (2010), S. 227 f.
[180] Vgl. Schwarz, W. (2002), S. 71 f.

FU.[181] Hierzu zählen bspw. Leistungen aus dem Bauhaupt- und Baunebengewerbe. Ob ein Ankauf von Forderungen für einen Debitor des FaK durch das FU erfolgt, ist wie bei der WKV von der Bonität und der damit verbundenen Ausfallwahrscheinlichkeit abhängig. Sollte das Unternehmen vom FU keine Zusage für den Ankauf von Forderungen zu einem bestimmten Kunden erhalten, hat es auf das Unternehmen die gleiche Wirkung, wie beim Einsatz einer WKV, wenn das VU einen angefragten Kunden aufgrund mangelnder Bonität oder bereits abgefragtem Kreditlimit nicht versichert. Das Unternehmen muss sich dann entscheiden, ob es das Ausfallrisiko selbst trägt oder die Zahlungsmodalitäten so verändert, dass es zu keinem Forderungsausfall kommen kann. Bei der Einräumung eines Zahlungsziels sollte sich das Unternehmen vorvertraglich Informationen über den Kunden und dessen Bonität einholen (vgl. hierzu Kapitel 4.4.2 Die Forderungsausfall- und Warenkredit-versicherung).

4.4.4 Weitere Möglichkeiten der Forderungsabsicherung

Neben den präventiv wirkenden Methoden der vorangegangenen Unterkapitel zur Reduzierung der Forderungsausfallrisiken, wie dem Debitorenrating, der WKV oder der Zusammenarbeit mit einem FU, die für eine Entscheidung stets auf der Bonität des Kunden basieren, gibt es weitere, z. T. vertraglich festzulegende Möglichkeiten der Forderungs-absicherung. Die Anwendbarkeit dieser Möglichkeiten ist von der Branche des Unternehmens und der Art des Geschäfts abhängig. Die verschiedenen Varianten des Eigentumsvorbehalts sind bspw. ein gebräuchliches Mittel um Warenlieferungen in Deutschland abzusichern.[182] Der Eigentumsvorbehalt ist zumeist Bestandteil der Allgemeinen Geschäftsbedingungen (AGB) eines Unternehmens und zählt somit zu den vertraglich zu vereinbarenden Möglich-keiten. Der Eigentumsvorbehalt kann zwar nicht das Ausfallrisiko vermeiden, er kann dem Verkäufer jedoch das Eigentumsrecht an einer Sache oder Forderung gegenüber dem säumigen Käufer oder Dritten, im Falle der Weiterverarbeitung oder des Weiterverkaufs, sichern.[183] Ein weitere Möglichkeit zur Reduzierung der Ausfallrisiken, in Form einer Forderungsbesicherung, ist die Bürgschaft, die sowohl bei Warenlieferungen, als auch bei Dienstleistungen eingesetzt werden kann. Hierzu benötigt der Gläubiger die schriftliche Bürgschaftserklärung eines Dritten, für die Schuld des Hauptschuldners aus einem genau

---

[181] Vgl. Schwarz, W. (2002), S. 63.
[182] Vgl. Wittchen, I. (1995), S. 2 f.
[183] Vgl. Zwernemann, D. / Lißner, S. (2002), S. 297 f.

bezeichneten Geschäft einzustehen. Eine Bürgschaft besitzt die Eigenschaft des Akzessorietät und ist damit auf eine genau bezeichnete Forderung beschränkt. Daher erlischt die Bürgschaft mit dem Ausgleich der Forderung.[184] Auch die Bürgschaften bestehen aus mehreren Unterarten. Für das Ausfallrisiko von Forderungen, ist insbesondere die Ausfall- und die selbstschuldnerische Bürgschaft von Interesse. Bei einer Ausfallbürgschaft darf der Gläubiger nur bei nachgewiesener Zahlungsunfähigkeit des Schuldners an den Bürgen für die Begleichung der Forderung herantreten. Im Falle einer selbstschuldnerischen Bürgschaft dürfte der Gläubiger sofort an den Bürgen herantreten, da dieser im Vorwege auf eine Vorausklage verzichtet hat.[185] Die Bürgschaft ist nur so gut, wie die Bonität des Bürgen. Unternehmen, die eine Bürgschaft als Sicherheit für einen Lieferantenkredit akzeptieren bzw. verlangen, sollten auch die Bonität des Bürgen kennen bzw. prüfen.[186] Banken werden aufgrund ihrer Bonität häufig als Bürgen im KMU-Segment genutzt, dabei tritt die Bank als Ausfallbürge für den Bürgschaftsnehmer ein. Für ein Kreditinstitut stellt die Bürgschaft eine Eventual-verbindlichkeit dar, welche mit den Bankgarantien zu den Avalkrediten gehört. Die Kosten einer Bankbürgschaft, die in Form von Zinsen oder Provisionen anfallen, hängen von dem Bürgschaftsumfang sowie der Bonität des Bürgschaftsnehmers ab.[187] Im umgekehrten Fall kann die Existenz eines Bürgen von nachweislich guter Bonität, für ein KMU im bankinternen Rating zu besseren Kreditkonditionen, z. B. in Form niedrigerer Zinssätze, führen, da die Ausfallwahrscheinlichkeit des Kredits durch den Bürgen sinkt. Die vom Gläubiger geforderte Bürgschaft zählt genauso wie der Eigentumsvorbehalt zu den vertraglichen Möglichkeiten Ausfallrisiken zu reduzieren bzw. Forderungen zu besichern und ist für den Gläubiger kostenneutral. Für den Export von Waren bietet sich auch die Möglichkeit des Dokumentenakkreditivs. Diese Art der Zahlungsweise basiert auf einem Zahlungs- bzw. Schuldversprechen der Bank des Importeurs gegenüber der Bank des Exporteurs. Nachdem der Exporteur die Ware geliefert und die Akkreditivdokumente, hinsichtlich des Versands der Ware, seiner Bank zur Übermittlung an die Bank des Importeurs eingereicht hat, erhält der Importeur von seiner Bank eine Gutschrift über den vereinbarten Kaufpreis. Die Bank des Exporteurs versendet die Dokumente an die Bank des Importeurs und verrechnet mit dieser auch den Ausgleich der Forderung.[188] Zur Vermeidung von Ausfallrisiken im Überlassungsbereich bzw. bei der Vermietung von Mobilien, kann von

---

[184] Vgl. Huber, A. (2005), S. 172.
[185] Vgl. Kriszeleit, R. E. C. (2006), S. 1022 ff.
[186] Vgl. Reichling, P. / Beinert, C. / Henne, A. (2005), S. 124.
[187] Vgl. Tolkmitt, V. (2007), S. 212.
[188] Vgl. Häberle, S. G. (2000), S. 6 ff.

den Kunden eine Kaution verlangt werden, die einen gewissen Grad der Sicherheit bieten soll.[189] Diese soll auch dem kompletten Untergang der Mobilien, z. B. in Form des Diebstahls entgegenwirken. Im B2C-Segment ist neben einer, bei Vertragabschluss fälligen Kaution, auch die Zahlungsweise der Vorkasse üblich. Abhängig von der Branchen-, Unternehmens-, Kunden- und Wettbewerbsstruktur sind viele Formen der Forderungsabsicherung und zur Reduzierung des Ausfallrisikos möglich. Viele Formen können parallel eingesetzt werden, oder gelten sogar bei der Zusammenarbeit mit externen Finanzdienstleistern als Voraussetzung. Die verschiedenen Formen des Eigentumsvorbehalts für auf Ziel verkaufte Waren gelten bspw. in den meisten Factoring- oder WKV-Verträgen als Voraussetzung für den Versicherungsschutz und werden daher mittels der AGB Bestandteil jeden Kaufvertrages. Der Einsatz dieser Mittel kann, wie auch die Zahlungsmodalitäten an das Ergebnis einer vorvertraglichen Bonitätsprüfung geknüpft sein, welche wiederum erst bei Erreichung eines gewissen Auftragswerts oder generell bei Neukunden getätigt wird. Wenn ein Unternehmen innerbetriebliche Regelungen für den Annahmeprozess von Kundenaufträgen festlegt, ist eine auch gestaffelte Mitarbeiterkompetenz denkbar, die sich an dem Auftragswert orientiert und bei besonders hohen Auftragswerten der zusätzlichen Genehmigung durch die Unternehmensleitung bedarf.[190] Nach der Einräumung eines Lieferanten-kredits, besteht, außer bei der Zusammenarbeit mit einem FU und einem theoretisch 100 %-igen Ankauf aller Forderungen, grundsätzlich das Risiko, dass eine Forderung ausfällt. Bei Zusammenarbeit mit einem VU besteht auch seitens des Unternehmens das Interesse, dass die offenen Forderungen durch die Kunden und nicht durch Versicherungszahlungen des VU ausgeglichen werden, zumal eine WKV nicht 100 % einer ausgefallen Forderung erstattet und sich Schadenfälle negativ auf die nächste Versicherungsprämie auswirken.[191] Das folgende Kapitel widmet sich daher der Realisierung und Überwachung von Forderungen

---

[189] Vgl. Schellhammer, K. (2008), S. 134 f.
[190] Vgl. Freund, J. / Götzer, K. (2008), S. 106 f.
[191] Vgl. Führer, A. (2001), S. 23.

5 Forderungsmanagement im KMU-Segment

Die Definitionen zum Begriff des FM sind vielseitig. Die Fachliteratur beschreibt das FM als die Gesamtheit der inner- und außerbetrieblichen Maßnahmen, die zur Vermeidung von Forderungsausfällen ab dem Zeitpunkt der Geschäftsanbahnung bis zur Realisierung der Forderung veranlasst werden.[192] Das FM kann daher in verschiedene Sektionen unterteilt werden. Die Bereiche des FM, die sich mit den vorvertraglichen oder vertraglichen Maßnahmen zur Vermeidung von Forderungs-ausfällen beschäftigen, wie bspw. die Debitorenprüfung, die WKV, das Factoring und die Vertragsgestaltung wurden in den vorangegangenen Kapiteln behandelt. Dieses Kapitel behandelt die Prozesse des FM, die in einem Unternehmen nach der Entstehung einer Forderung ablaufen. Dies beinhaltet sowohl den Einzug offener Forderungen im Rahmen der Debitoren-Buchhaltung (DeBuHa), als auch das interne Mahnwesen in enger Abstimmung mit dem Vertrieb, hinsichtlich der Wertigkeit des säumigen Kunden. Neben dem innerbetrieblichen Mahnwesen durch die DeBuHa, können aber auch Rechtsanwälte (RAe) oder Inkasso-Unternehmen (IU) zur Beitreibung von Forderungen eingesetzt werden, sollte keine Zusammenarbeit mit einem FU oder VU bestehen.

5.1 Bedeutung des Forderungsmanagements im KMU-Segment

Die Bedeutung des gesamten Forderungsmanagements[193] nimmt im KMU-Segment unter BASEL II und der damit verbundenen bonitätsabhängigen Kreditkonditionierung zu. Ein wirtschaftliches FM kann dazu beitragen, die Liquidität und damit die Existenz des Unternehmens zu sichern. Das Vorhandensein eines FM, welches die Zahlungs-zuflüsse zu dem Unternehmen gewährleisten soll, wirkt sich, aufgrund der Berücksichtigung im bankinternen Rating, auch positiv auf zukünftige Verhandlungen mit dem Kreditinstitut aus.[194] Die Bedeutung des FM ist außerdem an den Auswirkungen, welche die Forderungsausfälle verursachen, erkennbar.[195] Ein KMU mit einem Jahresumsatz von fünf

---

[192] Vgl. Huber, A. (2005), S. 11.
[193] Das „gesamte Forderungsmanagement" beschreibt hier alle vor- und nachvertraglichen risikovermeidenden Maßnahmen zur Reduzierung der Forderungsausfälle, nicht nur die in diesem Kapitel behandelten Thematiken.
[194] Vgl. Huber, A. (2005), S. 15 ff.
[195] Vgl. Schmiedt, A. (2008), S. 4.

Mio. € erzielt bei 5 %-iger Umsatzrendite einen Unternehmensgewinn in Höhe von 250 T€. Für den Ausgleich von Forderungsausfällen, die kumuliert 50 T€ betragen, müsste das Unternehmen im Folgejahr, unter der Voraussetzung einer weiterhin konstanten 1 %-igen Forderungsausfallquote, einen Umsatzzuwachs von zwei Mio. € verzeichnen, was einer Steigerung von 40 % entspräche. In Deutschland haben 10,1 % aller Unternehmen abschreibbare Forderungsverluste in einer Größenordnung von mehr als einem Prozent ihres Umsatzes.[196] Ein solches Beispiel verdeutlicht, dass auch kleine Forderungsausfallraten, bei gleichzeitig geringer Umsatzrendite gravierende Folgen für das betreffende Unternehmen haben können und vermieden werden müssen.[197]

5.2 Instrumente des Forderungsmanagements

Es gibt neben den vorvertraglichen Instrumenten des Forderungsmanagements, der vorangegangenen weitere in- und externe Instrumente des FM, die dazu geeignet sind, Forderungsausfälle zu reduzieren. Dazu gehört sowohl die interne DeBuHa, als auch externe Dienstleister, die mit der Forderungsbeitreibung beauftragt werden können.

5.2.1 Debitoren-Buchhaltung

Zu den Aufgaben der DeBuHa gehört die korrekte und zeitnahe Fakturierung, die Verbuchung von Zahlungseingängen auf Kundenkonten, die Überwachung von offenen Forderungen sowie das Mahnwesen. Die erforderlichen Daten für die Fakturierung erhält die DeBuHa aus dem Vertrieb.[198] Bei der Zusammenarbeit mit einem FU, welches theoretisch 100 % aller Forderungen ankauft, würde die Verbuchung von Kundenzahlungen, das Mahnwesen und die Überwachung von Forderungen für die DeBuHa entfallen, da nach der Fakturierung die Forderungen an das FU verkauft werden. Die DeBuHa ist, je nach Größe und Struktur des KMU, ein eigener Bereich des allgemeinen Rechnungswesens oder wird bei sehr kleinen Unternehmen von einer einzelnen Buchhalter/In in Absprache mit bzw. nach Vorgabe des Inhabers erledigt. Die Zahlungsbedingungen und Konditionen ergeben sich, wie die Versicherungs- bzw. Ankaufsfähigkeit, bei der Zusammenarbeit mit einem FU oder VU, aus der Bonität des Kunden, die entweder durch die DeBuHa selbst ermittelt wird oder bereits

---

[196] Vgl. Creditreform Presseinformation (2010), S. 4 f.
[197] Vgl. Weiß, C. (2002), S. 26.
[198] Vgl. Alpar, P. / Grob, H. L. / Weimann, P. / Winter, R. (2008), S. 219 f.

im Vorwege von der Vertriebsabteilung geprüft und übermittelt wurde. Im Falle des Zahlungs-verzugs kann das Mahnwesen sowohl intern, in Absprache mit dem Vertrieb und der Geschäftsführung, als auch extern mit einem RA oder einem IU betrieben werden.[199] Der Zahlungsverzug tritt bei Angabe eines fixen bzw. kalendarisch bestimmbaren Zahlungsziels in der Rechnung am darauffolgenden Tag ein. Wenn kein Zahlungsziel benannt ist, wird der Schuldner durch die Mahnung in Verzug gesetzt. Das Mahnwesen setzt sich aus dem außergerichtlichen und dem gerichtlichen Mahnverfahren zusammen. Das außergerichtliche Mahnverfahren kennzeichnet dabei alle in- und externen vorgerichtlichen Maßnahmen der Forderungsbeitreibung. Die internen vorgerichtlichen Maßnahmen bestehen neben den schriftlichen Mahnungen, auch aus der telefonischen Ansprache des Kunden in Form von freundlichen Zahlungserinnerungen und der Findung einer gemeinsamen Lösung. Wenn die Mahnung dazu eingesetzt werden soll, den Schuldner in Verzug zu setzen, empfiehlt sich unabhängig von der Formlosigkeit der Mahnung, die Schriftform, welche als späterer Beweis dienen kann.[200] Das Mahnverfahren eines Unternehmens kann verschiedene Mahnverläufe für die unterschiedlichen Kundensegmente vorsehen. Bei den A- und B-Kunden, bei denen eine längere Geschäftshistorie vorliegt, sollte zuerst in einer telefonische Ansprache versucht werden den Kunden zur Zahlung zu bewegen.[201] Der Mahnprozess eines C-Kunden wird eher standardisiert sein, er könnte bspw. aus einer freundlichen Zahlungserinnerung sowie zwei weiteren Mahnschreiben mit zunehmend höherer Dringlichkeit bestehen. Im letzten Mahnschreiben ist möglicherweise ein Vermerk, der auf rechtliche Schritte hinweist. Dieses Procedere wäre, im angemessenen Zeitablauf, auch bei A- oder B-Kunden anzuwenden, wenn eine abermalige persönliche Ansprache, mit erneuter Fristgewährung, nicht zum Erfolg verhilft. Der Forderungseinzug bei einem A- oder sehr guten B-Kunden ist in einem KMU, wie auch in jedem großen Unternehmen stets einzelfallbezogen und wird zudem auch von der Kundenstruktur des Unternehmens beeinflusst. Der Fortgang im jeweiligen Mahnverlauf hängt dabei von der Reaktion des Schuldners ab, sollte dieser nach der ersten Mahnung anzeigen, dass er die Rechnung nicht bezahlen wird, ist jede weitere vorgerichtliche Mahnung zwecklos. Außerdem erhöhen sich mit jeder weiteren Mahnung und Fristgewährung die Außenstandstage des Unternehmens.[202] Wenn der Kunde im außergerichtlichen Mahn-verfahren nicht zur Zahlung zu bewegen ist, kann das Gläubiger-Unternehmen auch

---

[199] Vgl. Keitel, T. (2008), S. 78.
[200] Vgl. Müller-Wiedenhorn, A. (2006), S. 47.
[201] Vgl. Müller-Wiedenhorn, A. (2006), S. 56.
[202] Vgl. Hoß, A. (2006), S. 42.

eigenständig das gerichtliche Mahnverfahren einleiten. Dies ist mittlerweile online über eine Service-Website der deutschen Mahngerichte möglich.[203]

Abbildung 6: Das gerichtliche Mahnverfahren

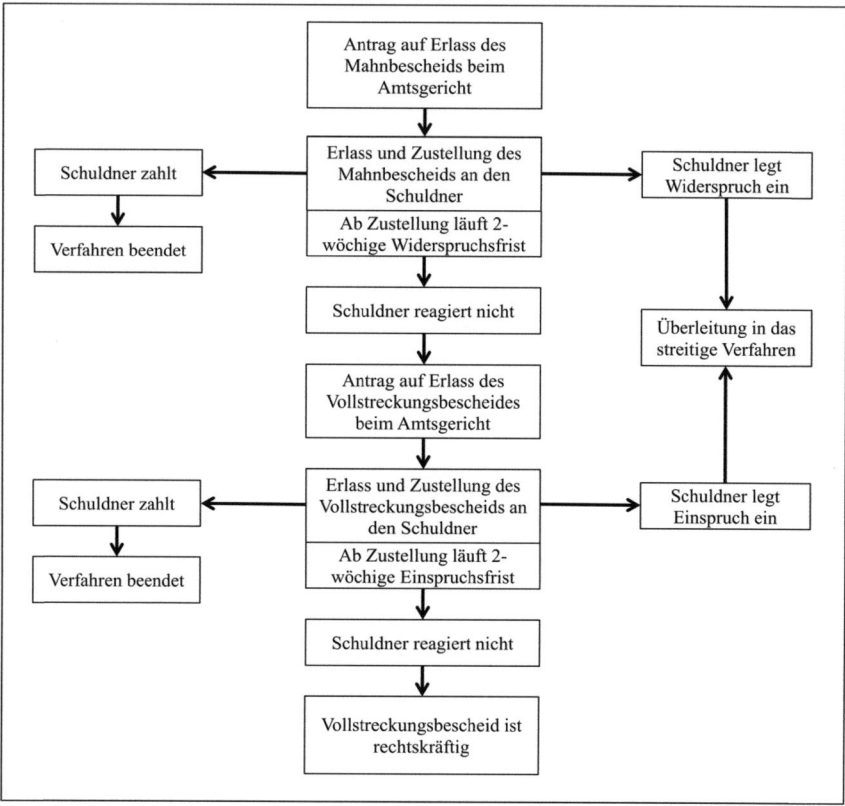

In Anlehnung an: David, P. (2008), S. 241., eigene Darstellung.

Das außergerichtliche Mahnverfahren ist keine Voraussetzung für das gerichtliche Mahnverfahren, sondern kann mit Eintritt des Zahlungsverzugs bspw. durch den Ablauf eines fest terminierten Zahlungsziels, eingeleitet werden.[204] Am Ende des gerichtlichen Mahnverfahrens steht, bei ausbleibender Reaktion des Schuldners, die Titulierung der Forderung in Form des Vollstreckungsbescheides, der nach Ablauf der zweiwöchigen

---

[203] Vgl. Anwendung der deutschen Mahngerichte, online am 19. Februar 2011 im www unter URL: www.online-mahnantrag.de.
[204] Vgl. Selbmann, R. H. (2005), S. 69.

Einspruchsfrist Rechtskraft erlangt. Der Gläubiger kann mit Hilfe dieses Titels nun eine Zwangsvollstreckung zur Befriedigung seiner Forderung vornehmen lassen.[205] Gerichtlich festgestellte bzw. titulierte Forderungen verjähren erst nach dreißig Jahren, somit hat der Gläubiger auch bei einer ersten erfolglosen Zwangsvollstreckung ausreichend Zeit, die Forderung im Zeitablauf beizutreiben. Bei Insolvenz oder EV des Kunden, hat der Gläubiger die Kosten des Verfahrens zu tragen, diese werden bei Anerkennung der Forderung aber auch Teil des titulierten Verzugsschadens. Das gerichtliche Mahnverfahren ist für die schnelle und günstige gerichtliche Durchsetzung von Geldforderungen geeignet, bei denen, aufgrund der Unstrittigkeit der Forderung, nicht mit einer Einrede des Schuldners zu rechnen ist. Wenn der Ein- oder Widerspruch des Schuldners im gerichtlichen Mahnverfahren sehr wahrscheinlich ist oder sich die Forderung bereits im vorgerichtlichen Mahnverfahren als strittig erwiesen hat, kann der Gläubiger anstatt des gerichtlichen Mahnverfahrens sofort das Klageverfahren einleiten. Das ist bis zu einer Forderungshöhe von 5 T€ am Amtsgericht ohne das Zutun eines RA möglich, bei höheren Forderungen muss die Klage durch einen RA beim Landgericht eingereicht werden.[206]

5.2.2 Zusammenarbeit mit Inkasso-Unternehmen

Ein IU nimmt im Auftrag seiner Kunden die gewerbsmäßige und genehmigungs-pflichtige Beitreibung von unstrittigen Fremdforderungen gegen Unternehmen und Privatpersonen vor.[207] Somit können Unternehmen, als Eskalationsstufe zum internen Mahnwesen oder zur Auslagerung des vorgerichtlichen und gerichtlichen Mahnverfahrens, die fälligen und unstrittigen Forderungen an ein IU zur Beitreibung übergeben.[208] Neben der Beitreibung von verhältnismäßig jungen Forderungen aus dem laufenden Geschäft ihrer Kunden, können IU auch mit dem Einzug und der Überwachung titulierter Forderungen beauftragt werden, die bislang noch nicht zu realisieren waren. Durch eine gerichtliche Feststellung im Klageverfahren oder den rechtskräftigen Vollstreckungsbescheid im gerichtlichen Mahnverfahren, erfüllt eine titulierte Forderung die Anforderungen hinsichtlich Unstrittig- und Fälligkeit, und kann daher an ein IU zur Betreibung übergeben werden. Ein IU, welches auch als WA tätig ist, kann die Realisierungschance einer beizutreibenden Forderung im

---

[205] Vgl. Huber, A. (2005), S. 244.
[206] Vgl. David, P. (2008), S. 63.
[207] Vgl. Ohle, C. D. (2000), Rn. 39.
[208] Vgl. Schmiedt, A. (2008), S. 29.

Vorwege prüfen, um bei nachgewiesener Insolvenz des Schuldnerunternehmens oder einer Privatperson mit EV, keine unnötigen Kosten zu erzeugen.[209] Außerdem kann das IU, über die gleichzeitige Funktion als WA einen gewissen Druck auf den Schuldner ausüben, da sich die, von der WA ermittelte Bonität, aufgrund des Inkassofalls verschlechtern würde und zukünftige Geschäfte des Schuldners mit anderen Unternehmen vielleicht erschwert. Nicht nur die Existenz eines Inkassofalls, sondern auch die Art, wie dieser Inkassofall letztendlich abgeschlossen wird, ist für die WA eine wichtige Bonitäts-information und wird im Bonitätsurteil des Schuldners verarbeitet. Ein bspw. sofortiger Ausgleich der Gesamt-forderung, würde die Bonität des Schuldners nicht so sehr verschlechtern, wie eine Zwangsvollstreckung die zum Ausgleich der Forderung geführt hat. Die Gesamtforderung besteht aus dem Bruttorechnungsbetrag als Hauptforderung sowie einigen Nebenforderungen, zu denen die Inkasso-Kosten des IU, die Mahnspesen sowie die Verzugszinsen gehören.[210] Der sanfte Druck, der durch die mögliche Verschlechterung der Bonitätsauskunft des Schuldners ausgeübt wird, veranlasst manche zahlungsunwillige Schuldner zur Zahlung. Das interne vorgerichtliche Mahnwesen des Gläubiger-Unternehmens kann diese Art des Drucks nicht erzeugen, somit kann die Zusammenarbeit mit einem IU, welches außerdem als WA tätig ist, einen größeren Erfolg bei der Forderungsbeitreibung haben. Das FM gehört im KMU-Segment nicht zu den Kernkompetenzen. Daher kann ein IU insbesondere für KMU interessant sein, da das Mahnwesen von einem spezialisierten und professionellen Partner übernommen wird. Insofern werden durch die Übertragung des Mahnwesens, bei den am ursprünglichen Mahnwesen beteiligten Bereiche, Kapazitäten frei, um sich auf die eigenen Kernkompetenzen zu konzentrieren.[211] Derzeit gibt es in Deutschland ca. 750 IU, davon sind momentan 549 IU an den BDIU, den Bundesverband deutscher Inkassounternehmen angeschlossen.[212] Für die Beitreibung einer Forderung muss das IU mit dem Gläubiger einen Inkassoablauf abstimmen, dieser ist von der Branche, der Kundenstruktur und dem einzelnen säumigen Kunden abhängig und soll durch die flexible Anpassung des IU auf die Schuldner, einen möglichst hohen Erfolg bei der Forderungsbeitreibung garantieren.[213] Die Inkassokosten, die mit der Beauftragung für die Forderungsbeitreibung entstehen und vom Gläubiger zu leisten sind, hängen von der Forderungshöhe ab. Daneben fällt bei vielen IU

---

[209] Vgl. Munsch, M. (2008), S. 112.
[210] Vgl. Selbmann, R. H. (2005), S. 21 ff.
[211] Vgl. Gutmann, J. / Hönings, G. (2006), S. 55.
[212] Vgl. BDIU Bundesverband deutscher Inkasso-Unternehmen e. V., online am 19. Februar 2011 im www unter URL: http://info.inkasso.de/suchlist.nsf.
[213] Vgl. Gutmann, J. / Hönings, G. (2006), S. 67.

auch eine Erfolgsprovisionen an, diese kann bspw. ein prozentualer Anteil der Hauptforderung sein oder auch die Abtretung des Verzugsschadens beinhalten.[214] Die Erfolgsprovision ist vom jeweiligen IU abhängig und verhandelbar. Die Inkassokosten orientieren sich an den Inkassokosten für RAe, die im Rechtsanwaltsvergütungsgesetz (RVG) geregelt sind, es können aber auch andere angemessene Regelungen vereinbart werden. Diese Kosten werden als Teil des Verzugsschadens dem Schuldner in Rechnung gestellt. Im Erfolgsfall zahlt der Schuldner die komplette Gesamtforderung, inklusive aller Neben-forderungen. Eingehende Schuldnerzahlungen werden dabei nach BGB § 367 erst gegen die Kosten, dann gegen die Zinsen und zuletzt auf die Hauptforderung angerechnet.[215] Für den Teil- oder Nichterfolg sind im Inkassovertrag entsprechende Regelungen für die Verteilung der Inkassokosten vorgesehen. Die Kosten, die mit der Forderungsbeitreibung durch ein IU entstehen, müssen in einem sinnvollen Verhältnis zur Forderungshöhe stehen.

5.2.3 Zusammenarbeit mit Rechtsanwälten

Ein Unternehmen kann einen RA mit der Beitreibung seiner Forderungen beauftragen. Dieser ist imstande, ebenso wie ein IU, das außergerichtliche und gerichtliche Mahn-verfahren im Auftrag eines Unternehmens zu betreiben. In Deutschland sind, unabhängig vom Streitwert, Mahngerichte für den Erlass von Mahnbescheiden verantwortlich, welche erst im Streitfall, die Klage dem Streitwert entsprechend, an das zuständige Gericht übergeben. Bis zu einem Streitwert von 5000,00 € sind Amtsgerichte für die streitigen Klageverfahren zuständig, hier besteht für beide Parteien kein Anwaltszwang. Ein Streitwert, der 5000,00 € übersteigt, fällt in die Zuständigkeit des Landgerichts, hier besteht für beiden Parteien Anwaltszwang.[216] Die Zusammenarbeit mit einem RA ist insbesondere für einredebehaftete Forderungen geeignet. Diese Forderungen können z. B. während des, vom Gläubiger selbst initiierten gerichtlichen Mahnverfahrens, durch den Ein- oder Widerspruch des Schuldners strittig werden und somit ins streitige Klageverfahren übergehen. Außerdem können die Forderungen bereits vor Einleitung des gerichtlichen Mahnverfahrens durch unbegründete oder begründete Mängelrügen des Kunden strittig sein und dürften somit auch nicht an ein IU zur Beitreibung übergeben werden. Das Unternehmen kann zur Forderungsbeitreibung den Klageweg wählen. Bei entsprechend geringer Forderungshöhe und damit verbundener Zuständigkeit des

---

[214] Vgl. Ulbricht, E. (2008), S. 193 ff.
[215] Vgl. Weiß, C. (2002), S. 107.
[216] Vgl. Ulbricht, E. (2008), S. 199 f.

Amtsgerichts kann die Klage auf Zahlung einer Forderung von einem Unternehmen, auch ohne die Hinzuziehung eines Anwalts durchgeführt werden.[217] Die Vertretung der eigenen Interessen durch einen RA empfiehlt vor Gericht grundsätzlich, vor allem bei der gerichtlichen Durchsetzung und Beitreibung strittiger Forderungen. In einigen Branchen des KMU-Segments, wie z. B. dem Bauhaupt- und Baunebengewerbe, treten aufgrund der hohen Auftragswerte und anderer Komplikationen, auch häufig hohe einredebehaftete Forderungen auf. Die Einleitung des gerichtlichen Mahnverfahrens hätte durch den sehr wahrscheinlichen Ein- oder Widerspruch des Schuldners keinen Erfolg, sondern würde das Klageverfahren nur unnötig verlängern. Das Klageverfahren kann theoretisch mit einem der insgesamt 153.251 in Deutschland zugelassenen RAe durchgeführt werden.[218] Dies setzt eine Zulassung des jeweiligen RA am zuständigen Gericht voraus. Zudem kann ein Mandat bei einem Fachanwalt, der sich auf ein bestimmtes Recht spezialisiert hat, den Erfolg der Klage erhöhen. Die Kosten für die Beauftragung des RA ergeben sich anhand des Streitwertes, der durch die Forderungshöhe bestimmt wird, aus dem RVG, sofern der RA und der Mandant nichts anderes vereinbart haben. Im Nicht- oder Teilerfolgsfall hat der klagende Gläubiger die Gerichts- und Anwaltkosten vollständig oder anteilig zu übernehmen.

5.3 Forderungsmanagement und Kommunikation

Das gesamte FM besteht im KMU-Segment aus einem personen-, abteilungs- und unternehmensübergreifenden Prozess, dessen Grundsätze von der Geschäftsleitung vorgegeben sind. Die DeBuHa, der Vertrieb sowie externe Dienstleister, sind neben der Geschäftsleitung als weisendes Organ, an dem FM-Prozess beteiligt.[219]

---

[217] Vg. Pantle, N. / Kreissl, S. (2007), S. 55.
[218] Vgl. Bundesrechtsanwaltskammer, online am 19. Februar 2011 im www. Unter URL: http://www.brak.de/seiten/pdf/Statistiken/2010/MGgross2010.pdf.
[219] Vgl. Lubos, G. (2006), S. 381.

Abbildung 7: Der Forderungsmanagement-Prozess

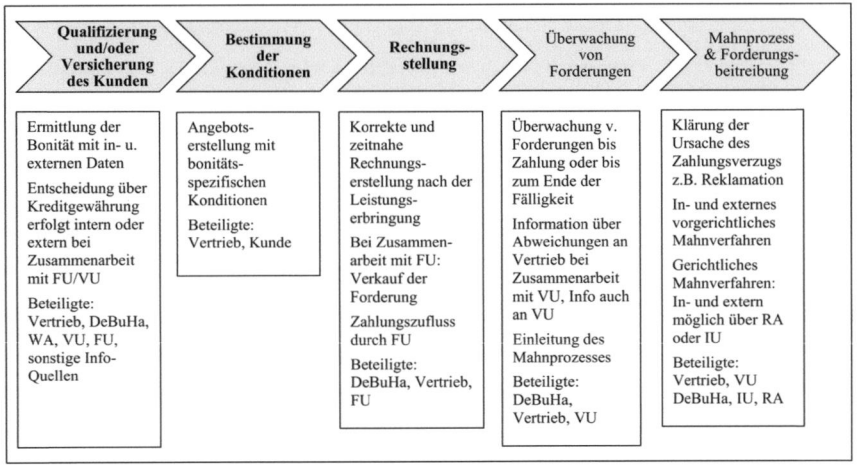

In Anlehnung an: Meyer, C. A. (2007), S. 56., eigene Darstellung.

Abhängig von der Branche und Größe des KMUs, können weitere Unternehmens-bereiche am FM-Prozess beteiligt sein. Dies könnte bspw. eine Serviceabteilung sein, welche sich mit Kunden-Reklamationen befassen, die aufgrund von berechtigten oder auch unberechtigten Mängeln, die ausstehenden Forderungen nicht begleichen.[220] Der FM-Prozess benötigt eine genau bezeichnete Kommunikationsstruktur, zudem muss der FM-Prozess Regelungen aufweisen, die verhindern sollen, dass es zwischen den beteiligten Akteuren zu Eigensinnig-keiten durch fehlende Information oder Interessen-konflikte kommt. Der reibungslose Ablauf des FM-Prozesses ist nur durch die kontinuierliche Kommunikation der beteiligten Akteure möglich und muss in alle Richtungen funktionieren.[221] Der Vertrieb muss die DeBuHa über alle Verkäufe an Kunden informieren, damit die DeBuHa diese den Kunden auch in Rechnung stellen kann. Außerdem hat der Vertrieb eventuell Informationen zu Kunden, bei denen mit einem Zahlungseingang nicht mehr zu rechnen ist. Die DeBuHa muss den Vertrieb wiederum über säumige Kunden informieren, damit keine weiteren Geschäfte getätigt werden, bevor die überfällige erste Rechnung bezahlt wurde.[222] Zudem muss das Unternehmen die externen Dienstleister über Zahlungseingänge von Kunden zu informieren, falls diese Forderungen im Vorwege an den Dienstleister zu Beitreibung übertragen wurden. Der FM-Prozess kann z. B. für besonders gute und umsatzstarke Kunden eine andere

---

[220] Vgl. Schmeisser, W. / Claussen, L. (2009), S. 293.
[221] Vgl. Huber, A. (2005), S. 51.
[222] Vgl. Lubos, G. (2006), S. 381.

Vorgehensweise im Mahnprozess vorsehen, die zuerst die Ansprache durch den Verkäufer des Gläubiger vorsieht. Diese Kunden müssen durch den Vertrieb zuerst mittels einer Kundensegmentierung ermittelt werden, welche die Kunden anhand der Kundenumsätze in A-, B- oder C-Kunden einteilt und diese Information zurück in die DeBuHa geben. Diese Beispiele sollen verdeutlichen, dass der FM-Prozess von der Geschäftsanbahnung bis zur Zahlung der Rechnung oder, im Verzugsfall bis zum nächsten Schritt, was bspw. den Beginn des internen Mahnwesens bedeuten könnte, der ständigen Kommunikation aller Beteiligten bedarf. Für den Erfolg des FM und die dafür zwingend erforderliche Kommunikation, wird ein festgelegter Kommunikationsprozess im Rahmen des FM-Prozesses benötigt. Eine unternehmens-interne IT-gestützte Informationsplattform, auch als Customer-Relationship-Management-System (CRM) bezeichnet, kann durch die Bereitstellung aller wichtigen Kundendaten, jeden Bereich des FM mit den notwenigen Informationen versorgen, solange die Informationen auch den Eingang in die CRM finden.

6 Fazit

Das Ziel dieses Buches ist es, vor dem Hintergrund des zweiten Baseler Eigenkapitalakkords, auf die existenzielle Bedeutung des Kreditrisiko- und Forderungsmanagements im KMU-Segment hinzuweisen. Nach einer eingehenden Erläuterung des KMU-Segments, wird dazu zunächst der Sinn und Zweck der neuen Richtlinie aufgezeigt. Außerdem werden die Inhalte, Neuerungen und Konsequenzen, die sich durch BASEL II für die Kreditinstitute und KMU ergeben, erklärt. Unter BASEL II ist bspw. die Höhe der Eigenkapitalunterlegung von Risikoaktiva an die Bonität des Kreditnehmers geknüpft, was Kreditinstituten unter anderem den Anreiz nehmen soll, favorisiert risiko- und margenträchtige Geschäfte zu tätigen. Außerdem haben die Kreditinstitute nun die Möglichkeit, eigene Verfahren zur Messung der mit Eigenkapital zu unterlegenden Risiken, zu entwickeln. Die Kosten, die für die Entwicklung eigener Messansätze und die Implementierung im Bankensystem anfallen, werden über die Kreditkonditionen internalisiert. Diese richten sich, wie die Eigenkapital-unterlegung, nach der jeweiligen Bonität des Kreditnehmers. Daher werden die Kosten insbesondere auf Unternehmen mit geringer oder mittlerer Bonität abgewälzt (vgl. Kapitel 3.3 Veränderte Kreditkosten unter BASEL II). Das KMU-Segment, welchem laut IfM 99,7 % aller Unternehmen angehören, hat eine überwiegend geringe bis mittlere Bonität und wird somit von der neuen Kreditvergabepraxis am härtesten getroffen. Die Unternehmen, die fortwährend auf Fremdkapital angewiesen sind, müssen daher versuchen im bankinternen Rating eine gute Bonität attestiert zu bekommen. Die Entscheidungsgrundlage des IRB-Ansatzes basiert sowohl auf dem Zahlenmaterial des Unternehmens, z. B. in Form von Jahresabschlüssen, als auch auf historischen Konto-bewegungen, wie z. B. zurückgegebene Lastschriften. Die fortwährende Liquidität, mit deren Hilfe die vereinbarungsgemäße Begleichung von jeglichen Verbindlichkeiten garantiert werden kann, ist somit ein Schlüsselelement bei der, durch das Kreditinstitut, ermittelten Bonität. Die Aufrechterhaltung der Liquidität und des Geschäftsbetriebes kann nur durch ein effizientes Kreditrisiko- und Forderungsmanagement im Unternehmen gewährleistet werden. Zudem wirken sich alle risikoabsichernden Maßnahmen des Unternehmens positiv auf das bankinterne Rating aus, da das Kredit-institut Unternehmen mit implementiertem Kreditrisiko- und Forderungsmanagement honoriert, bspw. in Form von besseren Kreditkonditionen. Die im Mittel geringe Eigenkapitalquote des KMU-Segments ist ein weiterer Grund für die zwingende Notwendigkeit, Ausfallrisiken zu reduzieren, zu vermeiden und falls möglich zu versichern bzw. abzutreten, da bereits durch wenige Forderungsausfälle zur Insolvenz des KMU führen können. Leider sind sich viele kleine und Kleinstunternehmen gar nicht der Möglichkeiten bewusst, die zur Forderungsabsicherung eingesetzt werden können. Die Hausbanken geben bei kommunizierten Problemen ihrer kreditfinanzierten Kunden aber auch Hinweise und Tipps, schließlich ist die Hausbank nicht daran interessiert, dass der eigene Kunde womöglich insolvent wird und den Unternehmenskredit zukünftig nicht mehr bedienen kann. Die Kreditinstitute arbeiten daher mit vielen Dienstleistern aus der Versicherungs-, Factoring- und Finanz-dienstleistungsbrache zusammen, um dem Kunden eine Komplett-lösung anbieten zu können. Von der nützlichen Service-Komponente für das KMU einmal abgesehen, kassieren Firmenkundenberater eines Kreditinstituts aber auch Provisionen für die Vermittlung eines neuen Kunden an einen der oben genannten Dienstleister. Außerdem kann auch die Finanzierung eines Unternehmens durch die Hausbank, an gewisse Bedingungen, wie bspw. die Zusammenarbeit mit einem VU, FU, WA oder IU geknüpft sein. Da ein Unternehmen, bei Einräumung von Lieferantenkrediten stets eine gewisse Form des Kreditrisiko- und Forderungsmanagements betreiben sollte, kann die Hausbank mit ihren Auflagen, als notwendiges Übel angesehen werden. Wenn im Jahr 2013 die nächste Generation von Eigenkapitalrichtlinien, unter dem Namen BASEL III für mehr Sicherheit im Finanzsektor sorgen soll, werden sich die Anforderungen, welche die Kreditinstitute an sich und ihre Kunden haben, weiter verschärfen. Aufgrund der schrittweisen Anhebung des harten Kernkapitals ab 2013, könnte sich das Neukreditgeschäft der Kreditinstitute verringern, da das bestehende Portfolio an Unternehmenskrediten erst einmal auf die neuen Anforderungen gehievt werden muss. Dieser Vorgang würde sich im Bereich der Start-Up-Unternehmen sowie des gesamten KMU-Segments negativ auswirken. Vor dem Hintergrund, dass die Versorgung mit Kapital in Form von Bankkrediten ab 2013 wohl noch schwieriger werden wird, ist es für die Unternehmen zukünftig noch wichtiger, ein effizientes Kreditrisiko- und Forderungsmanagement zu betreiben, welches die Liquidität des Unternehmens sichert und zugleich durch gute Bilanzkennzahlen die eigene Bonität verbessert, was bei einem Liquiditätsengpass die Aufnahme von Fremdkapital erleichtern könnte.

Literaturverzeichnis

Adam, Torsten (2008): Rating im modernen Kreditrisikomanagement, in: Everling, Oliver / Theodore, Samuel (Hrsg.): Bankrisikomanagement – Mindestanforderungen, Instrumente und Strategien für Banken, Gabler Verlag, Wiesbaden 2008, S. 397-409.

Ahrweiler, Sonja / Börner, Christoph J. (2003): Neue Finanzierungswege für den Mittelstand – Ausgangssituation, Notwendigkeit und Instrument, in: Kienbaum, Jochen / Börner, Christoph J. (Hrsg.): Neue Finanzierungswege für den Mittelstand – Von der Notwendigkeit zu den Gestaltungsformen, Gabler Verlag, Wiesbaden 2003, S. 3-74.

Albrecht, Marcus / Hartmann-Wendels, Thomas / Wohl, Patrick (2008): Bonitäts-prüfung und Vertragsentscheidung auf Seiten der Leasinggesellschaften, in: Börner, Christoph J. / Everling, Oliver / Soethe, Robert (Hrsg.): Kauf, Miete und Leasing im Rating – Finanzierungswege langlebiger Wirtschaftsgüter sicher beurteilen, Gabler Verlag, Wiesbaden 2008, S. 77-96.

Alpar, Paul / Grob, Heinz Lothar / Weimann, Peter / Winter, Robert (2008): Anwendungsorientierte Wirtschaftinformatik – Strategische Planung, Entwicklung und Nutzung von Informations- und Kommunikationssystemen, 5. Aufl., Vieweg Verlag / Gabler Verlag, Wiesbaden 2008

Alparslan, Adem (2006): Strukturalistische Prinzipal-Agent-Theorie – Eine Re-formulierung der Hidden-Action-Modelle aus der Perspektive des Strukturalismus, Diss., in: Corsten, Hans / Reiß, Michael / Steinle, Claus / Zelewski, Stephan (Hrsg.): Information – Organisation – Produktion, Deutscher Universitäts-Verlag, Wiesbaden 2006

Arens, Marc (2007): Bankinternes Rating leistungswirtschaftlicher Risiken kleiner und mittlerer Unternehmen – Eine theoretische und empirische Analyse, Diss., Herbert Utz Verlag, München 2007

Bachmann, Ulf (2004): Die Komponenten des Kreditspreads – Zinsstrukturunterschiede zwischen ausfallbehafteten und risikolosen Anleihen, Diss., Deutscher Universitätsverlag, Wiesbaden 2004

Baden, Gerd-Uwe (2006): Kreditversicherung als Instrument des Risikomanagements und der Absatzsicherung, in: Hommel, Ulrich / Knecht, Thomas C. / Wohlenberg, Holger (Hrsg.): Handbuch Unternehmensrestrukturierung, Gabler Verlag, Wiesbaden 2006, S. 435-455.

Bär, Martin (2002): Grundzüge des Risikomanagements nach KonTraG, Oldenbourg Wissenschaftsverlag, München 2002

Behr, Patrick / Fischer, Jörg (2005): BASEL II und Controlling – Ein praxis-orientiertes Konzept zur BASEL II-konformen Unternehmenssteuerung, Gabler Verlag, Wiesbaden 2005

Beinert, Claudia / Bietke, Daniela / Henne, Antje (2003): Risikomanagement und Rating am Beispiel eines Bauunternehmens, in: Reichling, Peter (Hrsg.): Risiko-management und Rating – Grundlagen, Konzepte, Fallstudie, Gabler Verlag, Wiesbaden 2003, S. 231-262.

Bellavite-Hövermann, Yvette (2009): Gesamtbankrisikosteuerung aus Sicht des Aufsichtsrats, in: Hilz-Ward, Reavis Mary / Everling, Oliver (Hrsg.): Risk Perfor-mance Management – Chancen für ein besseres Rating, Gabler Verlag, Wiesbaden 2009, S. 15-34.

Bindert, Detlef / Rauleder, Rainer (2004): Optimierung der Kapitalallokation in Banken, in: Lange, Thomas A. / Löw, Edgar (Hrsg.): Rechnungslegung, Steuerung und Aufsicht von Banken – Kapitalmarktorientierung und Internationalisierung, Gabler Verlag, Wiesbaden 2004, S. 602-649.

Bitz, Michael / Stark, Gunnar (2008): Finanzdienstleistungen – Darstellung Analyse Kritik, 8 Aufl., Oldenbourg Wissenschaftsverlag, München 2008

Blanke, Werner (2003): Aussagekraft und Nutzbarkeit von Kennzahlen und Frühindikatoren im Rating, in: Achleitner, Ann-Kristin / Everling, Oliver (Hrsg.): Rating Advisory – Mit professioneller Beratung zum optimalen Bonitätsurteil,
Gabler Verlag, Wiesbaden 2003, S. 311-326.

Blasius, Iris (2004): Risikomanagement in Standardsoftwareprojekten – Die Implementierung integrierter betrieblicher Systeme, Diss., Deutscher Universitätsverlag, Wiesbaden 2004

Blum, Andreas (2008): Anforderungen an ein Liquiditätsrisikomanagement von Kreditinstituten, GRIN Verlag, München 2008

Börner, Christoph J. / Ruwwe, Tanja (2007): Rating in der Kunde-Bank-Beziehung, in: Büschgen, Hans E. / Everling, Oliver (Hrsg.): Handbuch Rating, 2. Aufl.,
Gabler Verlag, Wiesbaden 2007, S. 47-66.

Brienen, Thomas / Quick, Markus (2006): Identifizierung, Bewertung und Steuerung von Geschäftsrisiken – Ein Ansatz für eine umfassendere Risikobetrachtung, in: RISIKOMANAGER_ERM, Ausgabe 25/26/2006, Dezember 2006, S. 8-13.

Büdel-Hartmann, Sonja (2008): Das Liquiditätsrisiko in Banken und seine wachsende Bedeutung, GRIN Verlag, München 2008

Büschgen, Hans E. (1998): Bankbetriebslehre – Bankgeschäfte und Bankmanage-ment, 5. Aufl., Gabler Verlag, Wiesbaden 1998

Büter, Clemens (2007): Außenhandel – Grundlagen globaler und innergemeinschaftlicher Handelsbeziehungen, Physica-Verlag, Heidelberg 2007

Büttner, Dennis (2003): Controlling zur Ratingoptimierung für den deutschen Mittelstand – Vor dem Hintergrund von BASEL II, GRIN Verlag, München 2003

Buhr, Reinhard (2000): Messung von Betriebsrisiken – Ein methodischer Ansatz, in: Die Bank, Heft 3, 2000, S. 202-206.

Burger, Anton / Buchhart, Anton (2002): Risiko-Controllig, Oldenbourg Wissenschaftsverlag, München 2002

Burtonshaw-Gunn, Simon A. (2009): Risk and Financial Management in Construction, Gower Publishing, Farnham 2009

Busse, Franz-Joseph (2003): Grundlagen der betrieblichen Finanzwirtschaft, 5. Aufl., Oldenbourg Wissenschaftsverlag, München 2003

Chorafas, Dimitris N. (2004): economic capital allocation with Basel II – costs, benefit an implementation procedures, Elsevier Butterworth-Heinemann, Oxford 2004

Cluse, Michael / Göttgens, Michael (2007): Rating und Kreditrisikounterlegung nach BASEL II, in: Büschgen, Hans E. / Everling, Oliver (Hrsg.): Handbuch Rating, 2. Aufl., Gabler Verlag, Wiesbaden 2007, S. 67-94.

Creditreform Presseinformation (2010): Wirtschaftslage und Finanzierung im Mittelstand, Selbstverlag der Verband der Vereine Creditreform, Neuss 2010

David, Peter (2008): Mahnverfahren und Forderungseinzug – Schnell und rechtssicher zu Ihrem Geld, 3. Aufl., Haufe Verlag, Freiburg 2008

Deutsche Bundesbank (2006): Die Deutsche Bundesbank – Aufgabenfelder, Rechtlicher Rahmen, Geschichte, Selbstverlag der Deutschen Bundesbank, Frankfurt 2006

Donko, René (2010): Integrative Systemlösungen zum Auskunftsmanagment, in: Becker, Grit S. / Everling, Oliver (Hrsg.): Debitorenrating – Bontät von Geschäfts-partnern richtig einschätzen, Gabler Verlag, Wiesbaden 2010, S. 161-180.

Elschen, Rainer (2002): Banken im Wettbewerb – Wer profitiert vom neuen Aufsichtsrecht, in: Tietmeyer, Hans / Rolfes, Bernd (Hrsg.): BASEL II – Das neue Aufsichtsrecht und seine Folgen – Beiträge des Duisburger Banken-Symposiums, Gabler Verlag, Wiesbaden 2002, S. 13-39.

Eisele, Burkhard (2004): Value-at-Risk-basiertes Risikomanagement in Banken – Portefeuilleentscheidungen, Risikokapitalallokation und Risikolimitierung unter Berücksichtigung des Bankenaufsichtsrechts, Diss., Deutscher Universitätsverlag, Wiesbaden 2004

Europäische Kommission (2006): Die neue KMU-Definition – Benutzerhandbuch und Mustererklärung, Amt für Veröffentlichungen der Europäischen Union, Luxemburg 2006

Everling, Oliver / Trieu, My Linh (2007): Ratingagenturen weltweit, in: Büschgen, Hans E. / Everling, Oliver (Hrsg.): Handbuch Rating, 2. Aufl., Gabler Verlag, Wiesbaden 2007, S. 95-116.

Falkenstein, Ina A. (2005): Risikomanagement mit leistungsabhängiger Vergütung – Einfluss variabler Entgeltungsformen auf das Kreditvergabeverhalten von Banken, Diss., Gabler Verlag, Wiesbaden 2005

Fiedler, Andreas (2008): Insolvenzfrüherkennungssysteme, das Rating und das Risikomanagement als Instrumente für kleine und mittlere Unternehmen (KMU) – Zur Gestaltung von Existenzsicherungs- und Unternehmensentwicklungsprozessen unter den Bedingungen der vorherrschenden Strukturpolitik sowie den Finanzierungs- und Fördermöglichkeiten, Diss., Gabler Verlag, Wiesbaden 2008

Fiege, Stefan (2006): Risikomanagement- und Überwachungssystem nach KonTraG – Prozess, Instrumente, Träger, Diss., Deutscher Universitätsverlag, München 2006

Fricke, Jens (2006): Value-at-Risk Ansätze zur Abschätzung von Marktrisiken – Theoretische Grundlagen und empirische Analysen, Diss., Deutscher Universitäts-verlag, München 2006
Friedmann, Andreas (2008): Auswirkungen von BASEL II auf die KMU-Finanzierung, GRIN Verlagen, München 2008

Fueglistaller, Urs / Müller, Christoph / Volery, Thierry (2008): Entrepreurship – Modelle – Umsetzung – Perspektiven, 2. Aufl., Gabler Verlag, Wiesbaden 2008

Führer, André (2001): Entwicklung eines Prämienmodells für die Warenkredit-versicherung, Verlag der Versicherungswirtschaft Karlsruhe, Karlsruhe 2001

Füser, Karsten / Heidusch, Mirjam (2002): Rating – Einfach und schnell zur erstklassigen Positionierung Ihres Unternehmens, Haufe Verlag, Freiburg 2002

Gabler, Andreas (2004): Liquiditäts- und Zinssicherungsmanagement in einem international operierenden Konzern, in: Guserl, Richard / Pernsteiner, Helmut (Hrsg.): Handbuch Finanzmanagement in der Praxis, Gabler Verlag,
Wiesbaden 2004, S. 389-404.

Gleißner, Werner (2001): Wertorientiertes Risikomanagement für Entrepreneure, in: Blum, Ulrich / Leibbrand, Frank (Hrsg.): Entrepreneurship und Unternehmertum – Denkstrukturen für eine neue Zeit, Gabler Verlag,
Wiesbaden 2001, Teil 3, S. 363-395.

Gleißner, Werner / Wolfrum, Marco (2001): Risiko: Grundlagen aus Statistik, Entscheidungs- und Kapitalmarkttheorie, in: Gleißner, Werner / Meier, Günter (Hrsg.): Wertorientiertes Risiko-Management für Industrie und Handel,
Gabler Verlag, Wiesbaden 2001, S. 139-160.

Greschuchna, Larissa (2006): Vertrauen in der Unternehmensberatung – Einfluss-faktoren und Konsequenzen, Diss., in: Enke, Margit (Hrsg.): Integratives Marketing – Wissenstransfer zwischen Theorie und Praxis, Deutscher Universitäts-Verlag, Wiesbaden 2006

Grohmann, Otto (2007): Integration der Informationstechnologie im Rahmen des Post-Merger Managements mittelständischer Industrieunternehmen, Diss., Unidruckerei der Universität Kassel, Kassel 2007

Grunow, Hans-Werner G. / Figgener, Stefan (2006): Handbuch Moderne Unternehmensfinanzierung – Strategien zur Kapitalbeschaffung und Bilanzoptimierung, Springer Verlag, Berlin 2006

Gutmann, Joachim / Hönings, Gerti (2006): Inkasso – Wie Sie Forderungsausfälle vermeiden, Haufe Verlag, Freiburg 2006

Häberle, Siegfried Georg (2000): Dokumentenakkreditive – Arten, Abwicklungen, Fallbeispiele, Prüflisten, in: Häberle, Siegfried Georg (Hrsg.): Handbuch der Akkreditive, Inkassi, Exportdokumente und Bankgarantien, Oldenbourg Wissenschaftsverlag, München 2000, S. 1-226.

Handelsblatt: Unternehmermagazin Creditreform Heft 3/2010, S. 35.

Hartmann-Wendels, Thomas / Pfingsten, Andreas / Weber, Martin (2010): Bankbetriebslehre, 5. Aufl., Springer-Verlag, Berlin 2010

Hausch, Kerstin T. (2004): Corporate Governance im deutschen Mittelstand – Veränderungen externer Rahmenbedingungen und interner Elemente, Diss., in: Kahle, Egbert (Hrsg.): Entscheidungs- und Organisationstheorie, Deutscher Universitäts-Verlag, Wiesbaden 2004

Hauser, Christian (2006): Außenwirtschaftsförderung für kleine und mittlere Unternehmen in der Bundesrepublik Deutschland – Eine empirische Analyse auf der Basis der ökonomischen Theorie des Föderalismus, Diss., Deutscher Universitäts-Verlag, Wiesbaden 2006

Heesen, Bernd / Gruber, Wolfgang (2008): Bilanzanalyse und Kennzahlen – Fallorientierte Bilanzoptimierung, Gabler Verlag, Wiesbaden 2008

Heim, Gerhard (2004): Positionierung der Steuerberater als Ratingberater, in: Achleitner, Ann-Kristin / Everling, Oliver (Hrsg.): Handbuch Ratingpraxis, Gabler Verlag, Wiesbaden 2004, S. 199-210.

Henking, Andreas / Bluhm, Christian / Fahrmeir, Ludwig (2006): Kreditrisiko-messung – Statistische Grundlagen, Methoden und Modellierungen, Springer-Verlag, Berlin 2006

Hermann, Jürgen (2006): Handbuch Factoring, VisAvis Verlag, Bonn 2006

Heyke, Bianca / Stahl, Michael (2010): Bedeutung des Debitorenratings für das Working Capital Management, in: Becker, Grit S. / Everling, Oliver (Hrsg.): Debitorenrating – Bontät von Geschäftspartnern richtig einschätzen,
Gabler Verlag, Wiesbaden 2010, S. 27-44.

Hippel, Eike von (1986): Verbraucherschutz, 3. Aufl., J.C.B. Mohr
(Paul Siebeck) Verlag, Tübingen 1986

Hofmann, Mathias (2009): Management von Refinanzierungsrisiken in Kreditinstituten – Marktzinsorientierte Kalkulation u. Steuerung d. Ergebnisses aus der Refinanzierungsdisposition, Diss., Gabler Verlag, Wiesbaden 2009

Hoß, Andrea (2006), Vertragsgestaltung durch allgemeine Geschäftsbedingungen, in: Müller-Wiedenhorn, Andreas (Hrsg.): Praxishandbuch Forderungsmanagement – Juristisches Know-How für Manager und Führungskräfte, Gabler Verlag, Wiesbaden 2006 S. 15-34.

Howland, Marc (2007): Kreditrisikomanagement unter BASEL II – Credit Risk Management under the terms of BASEL II, GRIN Verlag, München 2007

Huber, Anton (2005): Forderungsmanagement – Zahlungsausfälle vermeiden – Außenstände eintreiben, SV Fachbuch Verlag, Heidelberg 2005

Hübner, Otto (1854): Die Banken, Leipzig, 1854
Huschens, Stefan (2000): Anmerkungen zur Value-at-Risk-Definition, in: Bol, Georg / Nakhaeizadeh, Gholamreza / Vollmer, Karl-Heinz (Hrsg.), Datamining und Computational Finance, Physica-Verlag, Heidelberg 2000, S. 29-54.

Jänig, Christian (2003): Wissensmanagement – Die Antwort auf die Herausforderung der Globalisierung, Springer-Verlag, Berlin 2003

Jung, Hans (2006): Allgemeine Betriebswirtschaftslehre, 10. Aufl.,
Oldenbourg Wissenschaftsverlag, München 2006

Junginger, Markus (2005): Wertorientiert Steuerung von Risiken im Informationsmanagement, Diss., in: Krcmar, Helmut (Hrsg.): Informationsmanagement und Computer
Aided Team, Deutscher Universitäts-Verlag, Wiesbaden 2005

Kaiser, Thomas / Köhne, Marc Felix (2007): Operationelle Risiken in Finanzinstituten – Eine
praxisorientierte Einführung, 2. Aufl., Gabler Verlag, Wiesbaden 2007

Keitel, Tobias (2008): Factoring als Instrument des Risikomanagements im Projektgeschäft,
Diss., Gabler Verlag, Wiesbaden 2008

Kellermann, Kerstin (2005): Elektronische Beschaffungslogistik bei KMU – Chancen,
Risiken, Spannungsfelder, Diss., Deutscher Universitäts-Verlag, Wiesbaden 2005

Kland, Heinz (2006): Gründungsmanagement – Der integrierte Unternehmensplan, 2. Aufl.,
Oldenbourg Wissenschaftsverlag, München 2006

Klement, Jochen (2007): Kreditrisikohandel, BASEL II und interne Märkte in Banken, Diss.,
Deutscher Universitäts-Verlag, Wiesbaden 2007

Kliebe, Holger (2004): Die Bedeutung des Risiko-Controlling im Rahmen des Risiko-
Management in international agierenden Unternehmen, GRIN Verlag, München 2004

Knop, Robert (2009): Erfolgsfaktoren strategischer Netzwerke kleiner und mittlerer
Unternehmen – Ein IT-gestützter Wegweiser zum Kooperationserfolg, Diss., in: Ahlert,
Dieter / Creusen, Utho / Ehrmann, Thomas / Olesch, Günther (Hrsg.):
Unternehmenskooperation und Netzwerkmanagement, Gabler Verlag, Wiesbaden 2009

Köbler, Johannes (2008): Marketing-Controlling für kleine und mittelständische
Unternehmen, GRIN Verlag, München 2008

Kokalj, Ljuba / Paffenholz, Guido / Schröer, Evelyn (2000): Zahlungsverzug und Forderungsmanagement in mittelständischen Unternehmen, Deutscher Universitäts-Verlag, Wiesbaden 2000

Korndörfer, Wolfgang (2003): Allgemeine Betriebswirtschaftslehre – Aufbau - Ablauf - Führung - Leitung, 13. Aufl., Gabler Verlag, Wiesbaden 2003

Kriszeleit, Rudolf Ernst Carl (2006): Öffentliche Bürgschaften – insbesondere Landesbürgschaften, in: Hommel, Ulrich / Knecht, Thomas C. / Wohlenberg, Holger (Hrsg.): Handbuch Unternehmensrestrukturierung, Gabler Verlag, Wiesbaden 2006, S. 1017-1043.

Kuhn, Wolfgang / Strecker, Karl Albert (2008): Liquiditätsmanagement im Mittelstand – Banken als Partner, in: Goeke, Manfred (Hrsg.): Mittelstandsfinanzierung – Mit Leasing, Factoring & Co. unternehmerische Potenziale ausschöpfen, Gabler Verlag, Wiesbaden 2008, S. 83-98.

Kuruc, Alvin (2000): Implementation of a Value-at-Risk System, in: Lore, Marc / Borodovsky, Lev (Hrsg.): Financial Risk Management, Butterworth-Heinemann, Oxford 2000, S. 185-203.

Laurenz, Norbert (2007): Unternehmensbewertungsverfahren für KMU – Eine kritische Analyse, Diplomica Verlag, Hamburg 2007

Lemke, Rudolf (2005): Rechtsfragen im Ratingwesen, in: Everling, Oliver / Schmidt-Bürgel, Jens (Hrsg.): Kapitalmarktrating – Perspektiven für die Unternehmens-finanzierung, Gabler Verlag, Wiesbaden 2005, S. 241-261.

Lister, Michael (2010): Debitorenrating als Basis des Kreditrisikomanagements in Unternehmen, in: Becker, Grit S. / Everling, Oliver (Hrsg.): Debitorenrating – Bontät von Geschäftspartnern richtig einschätzen, Gabler Verlag, Wiesbaden 2010, S. 57-73.

Lubos, Günther (2006): Sofortmaßnahmen und Instrumente zur Unternehmens-analyse – Erste Einschätzung der Sanierbarkeit von Krisenunternehmen, in: Hommel, Ulrich / Knecht, Thomas C. / Wohlenberg, Holger (Hrsg.): Handbuch Unternehmensrestrukturierung, Gabler Verlag, Wiesbaden 2006, S. 365-390.

Lüdicke, Oliver (2003): Ratingverfahren und –agenturen, in: Reichling, Peter (Hrsg.): Risikomanagement und Rating – Grundlagen, Konzepte, Fallstudie, Gabler Verlag, Wiesbaden 2003, S. 63-88.

Lüscher-Marty, Max (2009): Theorie und Praxis des Bankkredits 1 – Grundlagen und Privatkundenkredite, 2. Aufl., Compendio Bildungsmedien, Zürich 2009

Marckhgott, Bernhard (1999): Die Bedeutung moderner Telekommunikation für Import- und Exportgeschäfte von Klein- und Mittelbetrieben, GRIN Verlag, München 1999

Mellinghausen, Roger (2010): Interner und externer Nutzen des Debitorenratings nach dem MBO, in: Becker, Grit S. / Everling, Oliver (Hrsg.): Debitorenrating – Bontät von Geschäftspartnern richtig einschätzen, Gabler Verlag, Wiesbaden 2010, S. 197-200.

Minden, Stefan (2009): Entwicklung der Kapitalkosten deutscher Banken vor dem Hintergrund BASEL II, GRIN Verlag, München 2009

Minz, Kirsten-Annette (2004): Operationelle Risiken, in: Wiedemann, Arnd (Hrsg.): Operationelle Risiken in Kreditinstituten, Bankakademie Verlag, Frankfurt 2004, S. 84-186.

Müller, Carsten (2007): Internes Rating bei privaten Banken, in: Büschgen, Hans E. / Everling, Oliver (Hrsg.): Handbuch Rating, 2. Aufl., Gabler Verlag, Wiesbaden 2007, S. 273-292.

Müller-Wiedenhorn, Andreas (2006): Mahnverfahren, in: Müller-Wiedenhorn, Andreas (Hrsg.): Praxishandbuch Forderungsmanagement – Juristisches Know-How für Manager und Führungskräfte, Gabler Verlag, Wiesbaden 2006, S. 47-65.

Munsch, Michael (2008): Integriertes Kundenrisikomanagement, in: Everling, Oliver (Hrsg.): Certified Rating Analyst, Oldenbourg Wissenschaftsverlag, München 2008, S. 105-142.

Nölle, Wolfgang / Schwab, Barbara (2008): Sanierung und Rating: Eine interessante Wechselbeziehung, in: Everling, Oliver (Hrsg.): Certified Rating Analyst, Oldenbourg Wissenschaftsverlag, München 2008, S. 425-444.

Ohle, Carsten D. (2000): Das deutsche Inkassogewerbe in Vergangenheit, Gegenwart und Zukunft, in: Seitz, Walter (Hrsg.): Inkasso-Handbuch – Recht und Praxis des Inkassowesens, 3. Aufl., C. H. Beck Verlag, München 2000

Ohletz, Wolfram (2007): Bonitätsorientierte Zinsänderungsklauseln nach BASEL II, Diss., LIT Verlag, Berlin 2007

Oppenländer, Bernd (2010): Rating im genossenschaftlichen Handel – von der Kreditversicherung zur ganzheitlichen Kundenbetrachtung, in: Becker, Grit S. / Everling, Oliver (Hrsg.): Debitorenrating – Bonität von Geschäftspartnern richtig einschätzen, Gabler Verlag, Wiesbaden 2010, S. 11-26.

Pantle, Norbert / Kreissl, Stephan (2007): Die Praxis des Zivilprozesses, 4. Aufl., Kohlhammer Verlag, Stuttgart 2007

Pohanka, Christian (2008): Value at Risk – Konzept zur Messung von Risiken und Vortrag, GRIN Verlag, München 2008

Porter, Michael E. (2008): On Competition – Updated an Expanded Edition, Harvard Business School Publishing, Boston 2008

Prümer, Michael (2005): Cash Flow Management – Wie Unternehmen langfristig Liquidität und Rentabilität sichern, Gabler Verlag, Wiesbaden 2005

Reichling, Peter / Beinert, Claudia (2004): Aktives Risikomanagement als zentraler Erfolgsfaktor beim Risikomanagement, in: Achleitner, Ann-Kristin / Everling, Oliver (Hrsg.): Handbuch Ratingpraxis, Gabler Verlag, Wiesbaden 2004, S. 429-442.

Reichling, Peter / Beinert, Claudia / Henne, Antje (2005): Praxishandbuch Finanzierung, Gabler Verlag, Wiesbaden 2005

Reichling, Peter / Bietke, Daniela / Henne, Antje (2007): Praxishandbuch Risikomanagement und Rating – Ein Leitfaden, 2. Aufl., Gabler Verlag, Wiesbaden 2007

Rittmann, Marion (2009): Neuausrichtung der Versicherungsaufsicht im Rahmen von Solvency II – Implikationen und Ansatzpunkte für die Gestaltung des Risiko-managements in Versicherungsunternehmen, Gabler Verlag, Wiesbaden 2009

Rogler, Silvia (2001): Management von Beschaffungs- und Absatzrisiken, in: Götze, Uwe / Henselmann, Klaus / Mikus, Barbara (Hrsg.): Risikomanagement – Beitrag zur Unternehmensplanung, Physica-Verlag, Heidelberg 2001, S. 211-240.

Rogler, Silvia (2002): Risikomanagement im Industriebetrieb – Analyse von Beschaffungs-, Produktions- und Absatzrisiken, Deutscher-Universitäts-Verlag, Wiesbaden 2002

Salek, John G. (2007): Accounts Receivable Management Best Practises, John Wiley & Sons, Hoboken 2007

Sanio, Jochen (2004): Ein neuer Ansatz in der Bankenaufsicht, in: Schriftenreihe der Bankrechtlichen Vereinigung Band 22 – Bankrechtstag 2003, BASEL II – Folgen für Kreditinstitute und ihre Kunden – Bankgeheimnis und Bekämpfung von Geldwäsche, De Gruyter Rechtswissenschaftsverlag, Berlin 2004, S. 3-18.

Sanio, Jochen (2010): Interview mit der Börsen-Zeitung: BaFin-Chef warnt vor Überregulierung - Kreditklemme durch Basel III befürchtet, Börsen-Zeitung, Nummer 218, erschien am 11.11.2010, S. 6.

Schäfer, Henry (2002): Unternehmensfinanzen – Grundzüge in Theorie und Management, 2. Aufl., Physica-Verlag, Heidelberg 2002

Schellhammer, Kurt (2008): Schuldrecht nach Anspruchsgrundlagen – samt BGB Allgemeiner Teil, 7. Aufl., C.F. Müller Verlag, Heidelberg 2008

Schmeisser, Wilhelm / Claussen, Lydia. (2009): Controlling und Berliner Balanced Scorecard Ansatz, Oldenbourg Wissenschaftsverlag, München 2009

Schramm, Sören (2009): Liquitiy at Risk – Eine Methodik zur Ermittlung des Liquiditätsrisikos in Banken, GRIN Verlag, München 2009

Schroeer, Stefanie (2009): Internationalisierung von KMU – Problemfelder und Chancen, GRIN Verlag, München 2009

Schulte-Mattler, Hermann (2007): Wucherzins bei Ratenkrediten u. die Solvabili-tätsverordnung, in: Wertpapier-Mitteilungen, Nr. 40, Oktober 2007, S. 1865-1908.

Schwarz, Werner (2002): Factoring, 4. Aufl., Deutscher Sparkassenverlag, Stuttgart 2002

Selbmann, Ralf H. (2005): Das Mahnverfahren – Außergerichtlicher und gerichtlicher Forderungseinzug und konventionelles und automatisiertes Mahn-verfahren, 3. Aufl., Haufe Verlag, Freiburg 2005

Spielberg, Holger / Sommer, Daniel / Dankenbring, Henning (2008): Integrierte Gesamtbanksteuerung, in: Everling, Oliver / Goedeckemeyer, Karl-Heinz (Hrsg.): Bankenrating – Kreditinstitute auf dem Prüfstand, Gabler Verlag, Wiesbaden 2004, S. 323-354.

Strauß, Michael (2008): Wertorientiertes Risikomanagement in Banken – Analyse der Wertrelevanz und Implikationen für Theorie und Praxis, Diss., Gabler Verlag, Wiesbaden 2008

Stützel, Wolfgang (1959): Ist die goldene Bankregel eine geeignete Richtschnur für die Geschäftspolitik der Kreditinstitute, in: Vorträge für Sparkassenprüfer, Kiel 8. - 11. September 1959, Deutscher Sparkassen und Giroverband, Kiel 1959

Süchting, Joachim (1995): Finanzmanagement – Theorie und Politik der Unternehmensfinanzierung, 6. Aufl., Gabler Verlag, Wiesbaden 1995

Szczepanski, Jakub (2005): BASEL II – Kennzeichnung und Beurteilung der Ratinganforderungen an KMU unter Berücksichtigung ausgewählter Kreditinstitute, GRIN Verlag, München 2005

Tolkmitt, Volker (2007): Neue Bankbetriebslehre – Basiswissen zu Finanzpro-dukten und Finanzdienstleistungen, 2. Aufl., Gabler Verlag, Wiesbaden 2007

Übelhör, Matthias / Warns, Christian (2004): Grundlagen der Eigenkapitalverein-barung, in: Übelhör, Matthias / Warns, Christian (Hrsg.): BASEL II – Auswirkungen auf die Finanzierung – Unternehmen und Banken im Strukturwandel, PD-Verlag, Heidenau 2004, S. 13-42.

Ulbricht, Ellen (2008): Wenn Patienten nicht zahlen – Forderungsbeitreibung für Ärzte, Zahnärzte und Heilberufe, Springer Verlag, Berlin 2008

Unger, Daniela (2008): Value-at-Risk basiertes Risikomanagement zur Beurteilung von Marktrisiken, GRIN Verlag, München 2008

Vidyarthi, V. P / Gupta, S. K. (2007): Capital Accord and three Pillars of Basel-II, in: Shrivastava, Mohan Prasad / Pandey, Pradeep Kumar / Vidyarthi, V. P (Hrsg.): Banking Reforms and Globalisation, S.B. Nangia, Neu Delhi 2007, S. 71-92.

Volz, Christian (2005): Marketingmöglichkeiten für den Mittelstand, GRIN Verlag, München 2005

Welzel, Karlheinz (2009): Debitorenmanagement unter besonderer Berücksichtigung des Delkredererisikos, GRIN Verlag, München 2009

Wesel, Markus A. (2010): Corporate Governance im Mittelstand – Anforderungen, Besonderheiten, Umsetzung, Erich Schmidt Verlag, Berlin 2010

Weiß, Christian (2002): Erfolgreich im betrieblichen Inkasso, Tectum Verlag, Marburg 2002

Wildemann, Horst (2005): TCW Standpunkt: Handlungsempfehlungen zur Verbesserung der Risikoposition von KMU's beim Rating unter besonderer Berücksichtigung leistungswirtschaftlicher Risiken, in: Controlling, 4/5 2005, April 2005, S. 233-241.

Wittchen, Ingo (1995): Die Warenkreditversicherung, Verlag der Versicherungswirtschaft Karlsruhe, Karlsruhe 1995

Witte, Sebastian (2006): BASEL II: Herausforderungen für Unternehmen und Finanzierungsinstitute, GRIN Verlag, München 2006

Wolke, Thomas (2008): Risikomanagement, 2. Aufl., Oldenbourg Wissenschaftsverlag, München 2008

Wolters, Matthias / Kaschny, Martin (2010): Geschäftsprozessmanagement in KMU, in: Kaschny, Martin / Kaul, Martin / Reinemann, Holger (Hrsg.): Geschäftsprozessmanagement in KMU, JOSEF EUL Verlag, Lohmar 2010

Zeranski, Stefan (2007): Liquiditätsmanagement im Licht der Subprime Krise, in: Portfolio Institutionell 2007, Heft 9 November, S. 18-20, Portfolio Verlagsgesellschaft, Frankfurt a. M. 2007

Zsidisin, George A. (2003): A grounded definitioin of supply risk, in: Journal of Purchasing & Supply Management, 9/2003, S. 217-224.

Zwernemann, Dieter / Lißner, Sabine (2002): Eigentumsvorbehalt im internationalen Handel, in: Häberle, Siegfried Georg (Hrsg): Handbuch für Kaufrecht, Rechtsdurchsetzung und Zahlungssicherung im Außenhandel,
Oldenbourg Wissenschaftsverlag, München 2002

Internetquellen:

BDIU Bundesverband Deutscher Inkasso-Unternehmen, online im www unter URL:
http://info.inkasso.de/suchlist.nsf, Stand 19. Februar 2011

Bundesanstalt für Finanzdienstleistungsaufsicht (BAFin), online im www unter URL:
http://www.bafin.de/cln_179/nn_722758/SharedDocs/Aufsichtsrecht/DE/Verfuegungen/vf__1 00726__leerverkauf__widerruf.html, Stand 9. Dezember 2010

Bundesministerium für Finanzen, online im www unter URL:
http://www.bundesfinanzministerium.de/nn_53848/DE/Wirtschaft__und__Verwaltung/Geld_ _und__Kredit/Kapitalmarktpolitik/20100917-Basel3.html?__nnn=true,
Stand 20. Dezember 2010

Bundesrechtsanwaltskammer, online im www. unter URL:
http://www.brak.de/seiten/pdf/Statistiken/2010/MGgross2010.pdf.,
Stand 19. Februar 2011

Bundesverband Deutscher Banken, online im www unter URL:
http://www.bankenverband.de/themen/fachinformationen/mittelstandspolitik/welche-auswirkungen-hat-basel-iii-auf-den-mittelstand/?searchterm=BASEL%20III,
Stand 21. Dezember 2010

Deutsche Bundesbank, online im www unter URL:

http://www.bundesbank.de/bankenaufsicht/bankenaufsicht_basel.php,

Stand 2. Dezember 2010, und unter URL:

http://www.bundesbank.de/bankenaufsicht/bankenaufsicht_basel_saeule3.php,

Stand 11. Dezember 2010, und unter URL:

http://www.bundesbank.de/download/presse/pressenotizen/2010/20100913.mindestkapitalanf

orderungen_anlage.pdf, Stand 18. Dezember 2010

Deutsche Mahngerichte (Online-Anwendung): online im www unter URL:

http://www.online-mahnantrag.de, Stand 19. Februar 2011

Deutsche Schiffsbank (2009): BASEL II – Säule 3 – Bericht 2008, online im www unter

URL: http://www.schiffsbank.com/pdf/basel2_saeule_3_bericht08.pdf,

Stand 11. Dezember 2010

Europäische Union: Amtsblatt d. Europäischen Union L124 v. 20. Mai 2003, S. 39,

online im www unter URL:

http://eurlex.europa.eu/LexUriServ/LexUriServ.do?uri=OJ:L:2003:124:0036:0041:DE:PDF,

Stand 26. November 2010

Ifm – Institut für Mittelstandsforschung, online im www unter URL:

http://www.ifm-bonn.org/index.php?id=89, und unter URL:

http://www.ifm-bonn.org/index.php?id=547, und unter URL:

http://www.ifm-bonn.org/index.php?id=540,

Stand aller Quellen: 27. November 2010